marnbelt
Niobe-Denkmal
Grüner Brink
Fährhafen Puttgarden
Poggensiek
Puttgarden
Marienleuchte
E47
Todendorf
Presen
Hinrichsdorf
Bannesdorf
Ostermarkelsdorf
Klausdorf
Klingenberg
Niendorf
Gahlendorf
Burg
Vitzdorf
Katharinenhof
Friedhof
Sahrensdorf
Burgstaaken
Neue Tiefe
Meeschendorf
Hinrichsberg
Staberdorf
Burger Binnensee
Burgtiefe
Staberhof
Campingplatz Wulfener Hals
Staberhuk
Naturschutzgebiet

mare

Mirko Bonné

Mein Fehmarn
Fehmarn mein

mare

Für Maximilian

Die Deutsche Nationalbibliothek verzeichnet diese Publikation in der Deutschen Nationalbibliografie; detaillierte bibliografische Daten sind im Internet unter http://dnb.ddb.de abrufbar.

1. Auflage 2017

Karte Peter Palm
Typografie Farnschläder & Mahlstedt, Hamburg
Schrift DTL Dorian
Druck und Bindung CPI books GmbH, Leck, Germany
Printed in Germany
ISBN 978-3-86648-210-4

MIX
Papier aus verantwortungsvollen Quellen
FSC® C083411

www.mare.de

Er det min barndoms drømte sommertime
splintret som i tidsforskudte lyn?

Inger Christensen

Ist das die geträumte Sommerstunde meiner Kindheit,
zersplittert wie in zeitversetzten Blitzen?

Inhalt

1 Untergänge

Die Reise zurück beginnt mit der Erinnerung an das lichte Dunkel hinter den geschlossenen Augen. Es ist die Erinnerung an ein Zimmer, in dem ein Junge im Bett lag. An diesem ersten Morgen auf der Ferieninsel weckte ihn früh ein geistergleiches und doch vertrautes Geräusch. Er lag da, hielt die Lider geschlossen, und noch eine ganze Weile lang kamen ihm seine Augen unnötig vor.

Für die Träume, die er in der ersten Nacht auf Fehmarn gehabt hatte, waren Augen ja auch unnötig gewesen. Er war außerdem überzeugt, alles, was in dem Zimmer von Bedeutung war, bestens zu kennen: Der Junge wusste, er hatte langes dunkelbraunes Haar und einen Stirnwirbel, den er verabscheute. Er wusste, er hieß Marko. Er wusste, dass Sommer war, der zehnte Sommer in seinem Leben. Es war August, und das Jahr nannten die Erwachsenen 1975.

Marko wusste, wo er war und welche Zeit für ihn anbrach. Er hatte auf dem Bauernhof auf Fehmarn, wo er zum ersten Mal gemeinsam mit seiner Mutter und seinem Vater die Sommerferien verbrachte, zusammen mit seinem Bruder ein Zimmer, das »Mansarde« hieß. Dort lag er in seinem Bett, es war früh am Morgen, drüben an der Wand schnarchte Stipe leise, und bestimmt fiel warmes, pulsierendes Licht durch das Fenster.

Für Marko war das Jahr, als er zum ersten Mal nach Fehmarn kam, das, in dem sich alles geändert hatte. Er nannte 1975 deshalb »das Jahr, in dem alles anders wurde«.

Das Geräusch, das er hörte, war Taubengurren. Doch war dieses rollende und schnarrende Vogelgegurgel so laut, als säße die Taube nicht draußen auf der Regenrinne oder irgendwo in einer Kastanienkrone, sondern – und das war es in Wirklichkeit, was ihn die Augen fest zusammenkneifen ließ – als hockte sie auf der Bettdecke.

Marko war sich nicht sicher, hielt es aber für sehr wahrscheinlich, dass eine Taube gurrend auf seiner Bettdecke saß.

Fest stand: Etwas war da auf seiner Brust, etwas, das sich nicht bewegte. Es war schwer, und es hatte das Gesicht dieses anscheinend schlafenden Jungen genau vor sich. Es gurrte. Da nichts anderes auf der Welt gurrte, konnte es nur eine Taube sein.

Nein, er würde die Augen nicht aufmachen, sondern seinen Bruder um Hilfe bitten. Stipe war zwar ein gutes Jahr jünger als er, manchmal jedoch viel mutiger und meistens auch stärker und schneller, während Marko annahm, der etwas Klügere und Raffiniertere zu sein. Vielleicht aber stimmte das gar nicht.

Er wusste, die Chancen, Stipe allein durch Flüstern aufzuwecken, waren sehr gering.

»Stipe!«, flüsterte er, und weil nichts passierte, wiederholte er es, und dann noch mal. Er zischte so laut, wie es ging, ohne die Taube zu erschrecken.

»Stipe, bitte! Stipe!«

Nichts geschah, nur in seinen Gedanken.

Wie sollte sie hereingekommen sein?

Als er die Lider aufklappte, so abrupt wie nur möglich, erblickte er nichts, was einer Taube ähnlich sah. Er hatte recht gehabt: Ein warmes, beinahe goldenes Licht fiel ins Zimmer. Und als hätten seine Augen Ohren, erkannte er jetzt auch sofort, dass das Gurren genauso wie das Licht von draußen kam. Die Taube oder die Tauben, wenn es mehrere waren, saßen auf der anderen Seite der Fensterscheibe. Sie gurrten und gurgelten, und ab und zu flatterte eine mit ihren Flügeln. Es war ihnen gleich, ob er schlief oder wach war, es war ihnen so gleichgültig wie seinem schnarchenden Bruder.

Marko hob den Kopf. Und vorsichtig spähte er so über den Bettdeckenrand und hinunter auf das schneebedeckte Inselgebirge seines zehn Jahre alten Körpers.

Nicht auf seiner Brust, aber knapp darunter und in den weißen Falten des Bettzeugs versteckt, lag das dicke Buch, das ihm am Abend aus den Händen gerutscht sein musste, als er, erschöpft und ausgelaugt von der nicht enden wollenden Autobahnfahrt vom äußersten Süden bis fast in den höchsten Norden des Landes, eingeschlummert war.

Zehn Stunden lang hatte die Fahrt vom Tegernsee bis nach Hamburg und dann weiter bis zur Ostsee gedauert. Marko war sie vorgekommen wie die Reise in ein neues Leben für Stipe und für sich.

Der bärtige Mann am Steuer war ihr Vater, er selbst und ihre Mutter behaupteten das, weshalb es wohl stimmte, doch erinnern konnten sich Marko und Stipe kaum an ihn. »Ab in die Falle, oder es kracht im Karton«, hatte er früher gesagt, als sie klein gewesen waren und er noch keinen Bart gehabt hatte. Und wenn sie dann noch immer nicht ruhig gewesen waren, hatte er damit gedroht, einen von ihnen in den Schrank zu sperren, zum Knochenfuchs, der dort im Dunkeln die Füße fraß.

Sechs, sieben Jahre lang hatten sie in ein paar bayerischen Dörfern und Städtchen am See ihr Leben ohne ihn geführt. Sie hatten viel Zeit mit den Großeltern verbracht, hatten vom Freund ihrer Mutter, den sie Onkel Werner nannten, schwimmen gelernt, waren zur Schule gekommen, hatten die Schule gewechselt, hatten immer andere Freunde und große goldene Gokarts und Bonanzaräder gehabt. Ihr Vater war nie aufgetaucht, angeblich, weil Onkel Werner ein alter Freund von ihm war. Konnte das ein Grund sein? Stipe war in einen Stacheldraht gerannt und hatte unterhalb des Auges genäht werden müssen,

Marko war vom Sockel des Löwendenkmals in der Dorfmitte gefallen und hatte sich den Fuß gebrochen. Stipe wollte Profifußballer werden, und Marko war seit einem Urlaub mit ihren Großeltern am Mittelmeer fest entschlossen, als Matrose auf einem großen Segelschiff anzuheuern.

Ihr Großvater war gestorben. An dem Abend, als Deutschland Fußballweltmeister wurde, war er eingeschlafen und am nächsten Morgen nicht mehr aufgewacht. Und wenig später war auch Onkel Werner gestorben. Er hatte zu viel geraucht, sein Herz war stehen geblieben, und keiner hatte es wieder zum Schlagen bringen können. Ihre Mutter war vor Kummer ganz weiß und schmal gewesen.

»Ich bin neunundzwanzig und am Ende meiner Kraft«, hatte sie zu Marko und Stipe gesagt. »Euer Vater muss uns jetzt helfen.«

Das dicke Buch auf Markos Brust hieß zwar DIE PRACHTVOLLSTEN SEGELSCHIFFE DER WELT, doch mit einem kunstvoll eigens dafür gebastelten Aufkleber hatte Marko den Titel verändert, so wie er das ganze Buch in den letzten Monaten allmählich umgeformt und praktisch von innen zum Bersten gebracht hatte.

DIE PRACHTVOLLSTEN SEGELSCHIFFE DER WELT UND IHRE NACHTRÄGLICHE NEUERFINDUNG DURCH MICH lautete der wirkliche und wahre Titel des Buches, wobei Marko noch nicht abschließend entschieden hatte, was durch ihn neu erfunden wurde, nur die Segelschiffe oder doch die ganze Welt.

Er nahm das Buch in die Hände und strich über die Ränder und Kanten. Die Abbildungen, Ausrisse und Zettel, die er auf viele Seiten geklebt hatte, waren nicht überall sauber abgeschnitten und standen über. Aber das störte ihn nicht, sondern ließ das Buch lebendig wirken, so als würde es wachsen. Stipe schnarchte, und die Tauben vor dem Fenster, wo die Insel Fehmarn war, von der er noch nichts gesehen hatte, nur am vorigen Abend ihre tiefe Dunkelheit, gurrten. Es könnte alles auch ganz anders sein … Marko stellte sich vor, wie es wäre, wenn das Buch sich aufplusterte und gurrte und wenn von Stipe nicht das kleinste Geräusch käme und stattdessen draußen auf dem Dach oder in dem Baum, der heraufreichte bis vor das Fenster, die Tauben schnarchten.

Wenn er den Kopf ein wenig zur Seite drehte, sah er an der Tapete über dem Fensterrahmen eine wellenförmige blaue Borte. Darüber verlief ein grauer, an manchen Stellen dunkelgrauer Streifen, der Marko wie Nebel vorkam, Nebel über der See. Wo der Dunst dunkler wird, dachte er, sieht man vielleicht Land, eine Küste. Denn die Borte war nicht nur blau wie das Meer, es war auch ein Segelschiff auf die Tapete gemalt, nicht größer als auf einer Quartettkarte, ein Schoner oder eine dreimastige Bark mit, er zählte, sechzehn Segeln. Das Schiff segelte über die Wände des Zimmers, und Markos Blick folgte seinem Weg. Etwa in Höhe des Kopfes eines Erwachsenen schien es zur Tür hereingesegelt zu kommen, passierte Stipe, der anderthalb Meter darunter noch immer fest schlief, fuhr um die Ecke, hinter dem Kleiderschrank hindurch, kam wieder zum Vorschein und segelte weiter über dem Fenster entlang, um dann an der Wand zurückzukehren zur Tür, durch die es verschwand ins Treppenhaus des Bauernhofs, auf dem ihre Eltern zwei Zimmer gemietet hatten, eins für sich, eins für Marko und Stipe. Der Hof stand in der Dorfmitte von Hinrichsdorf, das zwar der kleinste Ort auf Fehmarn war, doch dafür genau in der Mitte der Insel lag.

Dreizehn Mal war die kleine Schonerbark auf der Tapete zu sehen, immer war es dieselbe, leicht geneigt, in voller Takelung, mit gesetztem Gaffel- und vier Stagsegeln, Flieger, Außenklüver, Klüver und Binnenklüver. Ein so frischer Wind blies, dass die Segel sangen und sich knallend blähten. Marko setzte sich auf. Das Schiff war in voller Fahrt. Er beschloss, dass es nur die *Niobe* sein konnte.

Zehn Tage lang fuhren sie umher in einem maßlosen Licht, über absolut plattes Land, immer wieder am Meer entlang, durch Geflimmer, durch die Stille, in der nichts zu hören war außer dem Grillengezirpe und dem leisen Surren des Motors ihres Citroën GS. Markos und Stipes Vater hielt währenddessen Reden am Steuer, und auf dem Beifahrersitz versuchte ihre Mutter, den Kummer und die schlechte Laune loszuwerden, was ihr immer öfter auch gelang. Stipe knuffte Marko oder boxte oder kniff ihn, oder sie spielten auf der Rückbank stumm und verbissen das von zwei weißen Lamborghini-Traktoren dominierte Treckerquartett. Durch die Seitenfenster und das Schiebedach strömte süße und zugleich salzige Luft herein, während sie durch nur aus Bauernhöfen bestehende Dörfer oder uralt anmutende blassrote Ortschaften kamen, die Blieschendorf, Teschendorf, Bojendorf, Todendorf, Gahlendorf oder Meeschendorf hießen, oder Gold, oder Orth. Kreuz und quer fuhren sie umher mit dem schneeweißen, lang gestreckten und flach über die Landstraßen und asphaltierten Feldwege fliegenden Wagen, den ihr Vater *Simone* nannte, nach seiner französischen Lieblingsschauspielerin Simone Signoret, und die Jungs *Die Katze*, nach einem Film mit Simone Signoret, von dem ihr Vater Tag für Tag immer aufs Neue immer das Gleiche erzählte.

Ob Stipe, während sie in der Katze saßen und über die Insel gondelten, ähnliche Gedanken geheim hielt wie er? Marko fragte sich das sehr oft. Denn auf Fehmarn ging mit ihm etwas Seltsames vonstatten. Er merkte zum ersten Mal, wie eine mit jedem Tag konkretere Vorstellung von einem zugleich vielfältigen und scharf umrissenen Ort Gestalt in ihm annahm – eine Insel in seinem Innern –, und schon bald spürte er, wie sehr er die Insel, die er sah und roch und über die er rannte, wie sehr er ihre Farben und Gerüche, die weiten Felder, auf denen Roggen und Hafer im Wind rauschten und Raps blühte, die Mohnblumen und Kornblumen, die versteinert wirkenden Bäume am Straßenrand, die Füchse, die er manchmal sah, die Krebse, die am Abend aus dem Meer kamen und über den Strand huschten, und die Wolken, die viel schneller, als er es kannte, über den am Horizont so oft rosigen Himmel trieben, wie sehr er das alles lieb gewann. An die Spielkameraden in dem oberbayerischen Dorf mit dem Denkmallöwen dachte er so gut wie überhaupt nicht mehr.

Gleichgültig, wie früh am Morgen es war, ob seine Eltern noch schliefen oder ob es unten im Esszimmer neben der Diele schon Frühstück gab, er sprang aus dem Bett, zog sich an und hastete gähnend, aber mit großen Augen aus dem Haus und über den Hof zu der hangarartigen Scheune, in deren »Fahrt«, wie der alte Bauer den sie durchschneidenden Korridor nannte, ein Angst einflößend riesenhafter Mähdrescher stand. Weil das hellgrüne Ungetüm über Nacht ein ganzes Feld abgeerntet hatte, tickte es leise vor sich hin. Durch die Scheune fiel das Morgenlicht, als hätte die Sonne dort auf dem Strohboden geschlafen.

Immer waren Richardsens schon wach und mit zahllosen Dingen beschäftigt. Der Alte kümmerte sich um die Ställe der Säue und ihrer Ferkel, seine Frau fütterte die Hühner oder lud wie am Morgen zuvor einen ihr bis unter den Busen reichenden Berg Schmutzwäsche in die im Seiteneingang der Scheune stehenden Waschmaschinen, eine für helle, eine für dunkle, eine für bunte Sachen. Wenn Marko dabei zusah, wie die dicke und schöne Frau Richardsen benutzte Handtücher, ölverschmierte Sweatshirts und bekleckerte Kittel in die Trommeln stopfte, dachte er jedes Mal, sie würde die Maschinen füttern, weil sie für sie wertvolle Tiere waren.

In der Küche hörte er die beiden Töchter das Frühstück für die Sommergäste vorbereiten. Im offenen Fenster stand das mit

Klebeband umwickelte Transistorradio, in dem lauter Drähte steckten, weil es sonst stumm blieb.

»Butterfly, my butterfly, jeder Tag mit dir war schön …«

In den Hof und Garten dudelten Schlager hinaus, die drinnen Gesche und Dörte mitsangen, Lieder, die Marko dann den ganzen Tag verfolgten:

»Der Junge mit der Mundharmonika singt von dem, was einst geschah, in silbernen Träumen …«

War er selber nicht auch so traurig? Kein Tag, an dem er nicht an seinen toten Opa und den toten Onkel Werner dachte. Aber in diesem ersten Fehmarner Sommer, dem so viele folgen sollten, nahmen die Neugier und das Staunen ihn noch zu sehr gefangen. Traurig würde er erst zwei, drei Sommer später werden, aber das wusste er noch nicht. Im Jahr, in dem alles anders wurde, sah Marko zum ersten Mal im Leben einen echten Leuchtturm, einen, dessen Leuchtfeuer in der Nacht wirklich brannte! Sein Vater sagte, der Leuchtturm Staberhuk sei sogar weltbekannt, denn ein berühmter Maler habe früher darin gewohnt und ihn unzählige Male gemalt. Markos Vater redete gern von berühmten Dingen, berühmten Orten, berühmten Leuten. Er selber war Brotwagenfahrer, er fuhr das Brot aus der Fabrik zu den Supermärkten und räumte es dort in die Regale. Zu Stipe und Marko sagte ihre Mutter manchmal, sie sollten sich bloß nicht täuschen, ihr Vater sei ein berühmter Brotwagenfahrer. Es gebe Leute, sagte sie, die schliefen, und Leute, die die Betten machten.

Zum ersten Mal hatte er den Hamburger Hafen gesehen und war, den Oberarm grün und blau geboxt von Stipe, durch den Elbtunnel unter einem Fluss hindurchgefahren. Er hatte noch nie zuvor eine so große Brücke wie die Hamburger Köhlbrandbrücke gesehen. Aber noch aufregender war es gewesen, als am Horizont das Meer aufgetaucht war und sein Vater die Katze auf die Fehmarnsundbrücke lenkte, die zwar nicht so groß wie die

Köhlbrandbrücke war, dafür aber viel schöner. Stipe fand das nicht. Stipe hatte sowieso ein eher gespaltenes Verhältnis zu Fehmarn. Er hatte weglaufen, von der Insel runterlaufen wollen, als sie zum ersten Mal Aale sahen. In Lemkenhafen kamen eines frühen Morgens drei tief im Wasser liegende Fischkutter vom Nachtfang herein, und auf jedem der dickbauchigen Boote, die ganz aus Holz waren und an deren Rumpf lauter schwarze und schwarz-grüne Muscheln klebten, standen zwei Matrosen bis zu den Knien in einer schwappend silbernen Suppe aus nicht mehr lebendigen und noch nicht toten Aalen. Stipe sah das, drehte sich um und rannte.

Das schönste Erlebnis aber war, das fand auch er, dass sie gleich am ersten Tag auf der Insel zum Strand am Grünen Brink fuhren.

Markos Vater sang, als er die Katze in den Dünen parkte.

»Der Junge mit der Mundharmonika
singt von dem, was einst geschah …«

Und seine Mutter, mit ihrer klaren und hellen Stimme, die so gut wie nie sang, sie sang auch.

»… in silbernen Träumen …«

Und wieder der Brotwagenfahrer:

»… von der Barke mit der gläsernen Fracht,
die in sternenklarer Nacht
deiner Traurigkeit entflieht …«

Sie räumten Luftmatratzen, Proviant und fünfzig andere Sachen aus dem Kofferraum, und dann stoben die Jungs voraus durch den heißen und ganz feinen Sand, der nach Fisch und gammelnden Algen roch. Zum allerersten Mal blickten sie über die Ostsee. Da fuhren zwei große blaue Autofähren aufeinander zu und aneinander vorbei, als würden sie durcheinander hindurchfahren. In der Ferne, sehr schmal und grau, fast wie Nebeldunst, sah Marko die dänische Küste und wusste auf der Stelle, dass er sich nicht getäuscht hatte.

Die Tapete in Richardsens Dachzimmer, sie zeigte genau diesen Anblick.

Jedes Mal, wenn ich in den letzten vier Jahrzehnten für zwei Sommerwochen oder ein paar Tage im Herbst auf Fehmarn war, bin ich auf der Suche nach Erinnerungen nicht nur durch Burg gelaufen, den Hauptort der Insel, war nicht nur in den Feldern rings um Hinrichsdorf und an den Steilufern im äußersten Südosten am Leuchtturm Staberhuk unterwegs, sondern fuhr immer auch hinauf in den Norden, bis ich durch Gammendorf kam und nach ein paar Kilometern schließlich an die Beltküste, zum Niobe-Denkmal.

Auf einer planierten und gepflasterten Fläche mitten in den von spärlichem Gras bewachsenen Dünen steht dort ein etwa schulterhoher Findling auf einem steinernen Sockel. Über ihm ragt ein schmaler weißer, stets denke ich: eleganter, schöner Mast auf, mit nur einer Rah, dazu aber einer inseleinwärts zeigenden Spiere, die ihn als Gaffelmast ausweist. Außerdem wirkt der weiße Dünenmast voll getakelt, denn Stahltrossen ahmen Piekfall, Klaufall und andere Taue nach. Segel habe ich an dem Mast nie gesehen. Doch steht man dort in dem fast beständigen Wind und betrachtet das Niobe-Denkmal aus einiger Entfernung, dann gewinnt man den Eindruck, ein nicht sehr großes, aber auch nicht kleines Segelschiff sei hier so im Sand vergraben oder versunken, dass nur mehr der Gaffelmast heraussieht.

Am Fuß des Gedenksteins sind auf einer Bronzetafel sechs so denkwürdige wie merkwürdige Zeilen und ein nichts als empörend anmutender Nachsatz zu lesen:

> Am 26. Juli 1932 verunglückte 8000 m von
> hier das Segelschulschiff NIOBE.
> 69 Offiziere und Mannschaften erlitten den Tod
> für das Vaterland. In treuem Gedenken

wurde der Grundstein am 26.7.1933,
das Denkmal am 15.10.1933 feierlich enthüllt.

Es ist nicht nötig, dass ich lebe,
wohl aber, dass ich meine Pflicht tue.

Zwei Fragen stelle ich mir stets, wenn ich am Gammendorfer Strand das Niobe-Denkmal besuche: Was, wenn der Mast, den ich so oft schon berührt habe, wirklich von dem 1932 hier in Sichtweite untergegangenen Segelschiff stammte? Eine Frage, die mich an vielen, vielen Tagen meiner Kindheit und Jugend beschäftigt hat, eine, wie ich finde, bedeutsame poetische Frage. Der Unterschied zwischen dem abstrakten Ding in der Phantasie und dem vermeintlich realen, tastbaren Gegenstand wird darin deutlich. Was ist von Dauer?

Poetisch ist auch die zweite, die ich mir an dem Denkmal immer stelle, poetisch einerseits, politisch andererseits: Dass mein und irgendein Leben nicht nötig seien, dafür aber jede tumbe Pflichthuberei, wer maßt sich an, das zu behaupten oder gar zu bestimmen?

Am Mittag des 26. Juli 1932 sollte das zwölfmotorige Flugboot *Do X*, damals das bei Weitem größte Flugzeug der Welt, den Fehmarnbelt überfliegen. Eine Gammendorfer Schulklasse mit ihrem Lehrer hatte sich aus diesem Grund am Strand versammelt und beobachtete trotz des sich verschlechternden Wetters an diesem schwülwarmen Hochsommertag aufgeregt die See nördlich der Insel.

Die dänische Küste war von milchigem Dunst verhüllt, und das silberne Flugschiff mit seinen auf den Tragflächen angebrachten Propellergondeln tauchte nicht auf, stattdessen aber am Horizont sehr deutlich ein Schiff, das unter fast vollen Segeln rasch ostwärts strebte.

Die *Niobe* hatte über Nacht vor der Nordwestküste Fehmarns geankert. An Bord des Segelschulschiffs waren 109 Mann, vor allem junge Kadetten, die drei Wochen lang in der Kieler Bucht ausgebildet worden waren und nun auf See ihre Kenntnisse festigen sollten, daneben Offiziers- und Unteroffiziersanwärter, außerdem die aus rund 30 Seeleuten bestehende Crew und deren Kommandant Kapitänleutnant Ruhfus. Zielhäfen der *Niobe* waren unter anderem Warnemünde und Świnoujście, das damals noch Swinemünde hieß, geankert werden sollte aber auch vor Visby, dem Haupthafen der schwedischen Ostseeinsel Gotland.

Am Himmel, der über dem Fehmarnbelt so riesig erscheint, türmten sich zerklüftete Gewitterwolken auf, tiefgrau und unruhig. Die meisten der in den Dünen wartenden Jungs und Mädchen, die nach Schulschluss mit ihren Fahrrädern aus Gammendorf an den Strand gekommen waren, hatten längst die Geduld verloren. Es war kurz nach zwei. Es war ein Augenblick wie jeder andere, und nicht alle blickten noch immer in der Erwartung über die Wellen, das berühmte Dornier-Flugzeug würde plötzlich auftauchen und in Sichtweite vorüberfliegen. In Wirklichkeit warteten nur noch wenige. Und so sahen nur eine Handvoll Schüler und Schülerinnen und ihr Lehrer Björnsen in dem Moment übers Wasser, in dem der Dreimaster so unvermittelt verschwand, als hätte die See das Schiff verschluckt. Das Meer, sagten später fast alle übereinstimmend, sei völlig weiß gewesen.

Was zum Untergang der *Niobe* an jenem Tag führte, ist bis heute nicht zweifelsfrei geklärt. Doch was ist schon zweifelsfrei geklärt. Es gab 40 Überlebende, unter ihnen war auch der Kapitän, und genau wie die Jugendlichen und ihr Lehrer, die acht Kilometer entfernt das Verschwinden des Schiffs mit ansahen, gaben viele der Kadetten, Matrosen und Offiziere, die mit dem Leben davonkamen, zu Protokoll, dass der Segler binnen Sekunden kenterte, unter Wasser gedrückt wurde und nach nicht einmal einer Minute in der Ostsee versank. Dass die *Niobe* bei voller Fahrt etwas gerammt haben könnte, etwa ein U-Boot oder ein unsichtbar unter der Wasseroberfläche treibendes Wrack, scheint somit ausgeschlossen – ein Leck hätte Alarmsignale zur Folge gehabt, und das Schiff wäre viel langsamer gesunken.

Am Morgen hatte Kapitänleutnant Ruhfus den Wetterbericht für den Fehmarnbelt erhalten: Frische, böige Südost- bis Südwestwinde, zunehmende Bewölkung bei leichtem Niederschlag, mäßige bis gute Sicht. Die Vorhersage von 11:30 Uhr lautete: Gefahr auffrischender Südwestwinde.

Die *Niobe* war noch keine zwanzig Jahre alt. Allerdings hatte sie bereits vier Mal den Namen gewechselt. Sie hatte nach einem Mann, einem Ort, einem Stern, einer Sagengestalt und einem Vogel geheißen. Sie war rund 50 Meter lang, rund neun Meter breit und hatte einen Tiefgang von knapp sechs Metern. Ihre Wasserverdrängung betrug 675 Tonnen. Als *Morten Jensen* war sie 1913 im dänischen Frederikshavn vom Stapel gelaufen, war nach Norwegen verkauft worden und hatte dort im Nordmeer als *Tyholm* Stürme der Windstärken 10 und 11 durchsegelt. 1916 war sie als Holzfrachter auf dem Weg nach England von einem kaiserdeutschen U-Boot aufgebracht und prisengerichtlich eingezogen worden. Unter dem Namen *Aldebaran* wurde sie kurzzeitig als Hilfsfeuerschiff genutzt, dann 1921 an die Reichsmarine verkauft und umgetauft in *Niobe*. Während einer kurzen Zeit als Charterschiff erhielt sie ihren fünften und wohl schönsten Namen, aber die *Schwalbe*, wie sie nun hieß, sollte schon im Jahr darauf erneut Eigentum der Marine werden. 1922 wurde sie grundüberholt und von einem Viermastgaffelschoner umgebaut zu einer dreimastigen Jackass-Bark. Seither hatte sie zehn Jahre lang als Segelschulschiff den Namen einer der tragischsten Frauen- und Muttergestalten der griechischen Mythologie getragen.

Um 13:50 Uhr passierte die *Niobe* im Abstand von einer halben Seemeile das Feuerschiff *Fehmarnbelt.* Über die Insel fluteten Gewitterwolken, und auch auf See nahm der Wind zu. Bei leichtem Regen ließ Kommandant Ruhfus sicherheitshalber die Obersegel bergen und Ölzeug ausgeben. Kurz brandete Jubel an Bord auf, denn unvermittelt – niemand hatte die Mannschaft davon in Kenntnis gesetzt – flog die *Do X* in geringer Höhe vorbei. Dann, pünktlich kurz vor 14 Uhr, stiegen die Kadetten der Backbordwache zum Unterricht in ihren Wohnraum unter Deck. Wegen der schwülheißen Temperatur erging die Erlaubnis, die Bullaugen offen stehen zu lassen.

Das alles hatte er wieder und wieder in dem Bildband gelesen. In DIE PRACHTVOLLSTEN SEGELSCHIFFE DER WELT waren nicht nur Schiffe beschrieben, die durch ihre Eleganz und Windschnittigkeit auffielen, sondern auch solche, die Rätsel aufgaben. Ein rätselhafter Untergang wie der der *Niobe* galt auf seine Weise als schön, das hatte Marko für sich daraus gelernt. Auf vier Seiten, die mit acht Schwarz-Weiß-Fotos versehen waren, wurden die Geschichte und das Ende des vor Fehmarn gesunkenen Seglers nacherzählt, und Marko hatte bereits detaillierte Vorstellungen davon, wie er die Tragödie jedem vor Augen führen würde, der DIE PRACHTVOLLSTEN SEGELSCHIFFE DER WELT UND IHRE NACHTRÄGLICHE NEUERFINDUNG DURCH MICH an der richtigen Stelle aufschlug.

An diesem allerersten Tag am Grünen Brink war ihm blitzartig klar geworden, dass er sich in Gedanken schon seit Monaten mit der Insel beschäftigte, auf der er jetzt mit seinen Eltern und seinem Bruder Urlaub machte. Doch die Verbindung zwischen dem, was er in dem Buch gelesen hatte über Fehmarn und den Fehmarnbelt, und seinem Leben und somit auch der tatsächlichen Insel war ihm nie aufgefallen. Wieso nicht? Wenn er von der *Niobe* las, warum hatte er dann nie daran gedacht, dass er selber schon bald auf Fehmarn sein würde? Es erschien Marko sehr merkwürdig, aufs Meer zu blicken und dabei zu wissen, dass ganz in der Nähe eines der Schiffe untergegangen war, über die er seit Monaten nachdachte und von denen er schon so oft geträumt hatte.

Ebenso seltsam war, dass ihn ein ganz ähnliches Gefühl erfasste, als er an einem der folgenden Nachmittage zusammen mit Stipe und seinen Eltern leibhaftig vor dem Niobe-Denkmal stand. Er besah sich den Findling von allen Seiten, las kopfschüttelnd, was auf der Bronzetafel stand – also war nicht nötig, dass er lebte? –, dann stieg er auf den Sockel und legte die Hand, seine kleine, schmale, zehnjährige Hand, auf den Mast.

Der Mast zitterte, bebte leicht im Wind, der übers Meer kam.

Wäre der, der da am Gammendorfer Strand steht, einer der drei Masten der *Niobe*, er wäre vor über acht Jahrzehnten an einem drückend schwülen Hochsommertag mitsamt dem Schiff auf den Meeresgrund gesunken. Zusammen mit dem Wrack hätte er fast 30 Meter tief dort unten im Dunkel gelegen, im Schlamm bei den Algen, Krebsen und Krabben. Der Rumpf der *Niobe* lag auf der Backbordseite, als einen Monat nach dem Untergang Taucher darangingen, das Wrack zu heben, um die darin eingesperrten Toten zu bergen und die Unglücksursache zu ergründen.

Obwohl das Denkmal das Gegenteil nahelegte, wusste Marko, der aus den Fehmarner Dünen ragende Gaffelmast konnte gar nicht von der *Niobe* stammen. Um das Wrack heben zu können, hatte man die drei hinderlichen Masten samt ihrer Takelage und den unter Wasser geisterhaft sich weiter blähenden Segeln vom Rumpf abgesprengt. Sie waren bei den Fischen geblieben. Die Masten der *Niobe* mussten noch immer auf dem Meeresgrund vor dem Gammendorfer Strand liegen.

Er blickte hinauf, zu der Rah hoch oben an dem bebenden Mast.

Die meisten der 50 Toten, die die Taucher hatten bergen können, lagen auf dem Kieler Nordfriedhof bestattet, wo der geborgene Anker ihres ehemaligen Schiffs ihre letzte Ruhestätte zierte. Das Wrack der *Niobe* wurde im Herbst 1933 in einem von den Nazis und ihrer Reichsmarine so pompös wie martialisch inszenierten Akt über der Stolpe-Bank vor der polnischen Ostseeküste noch einmal versenkt, diesmal allerdings, wennschon, dennschon, für immer. Fast die gesamte Flotte, die es gar nicht abwarten konnte, wieder Kriegsflotte zu sein, war dabei, als unter großem Hurra das Torpedoboot *Jaguar* zwei seiner Unterwasserkaventsmänner in den erbarmungswürdigen Rumpf ballerte. Der Anker, der auf den Toten lag, und diese Rah an einem Mastnachbau in den Dünen von Fehmarn zwischen Puttgarden und Wenkendorf waren das Einzige, was von der *Niobe* übrig blieb.

Marko hatte keinen Zweifel daran, dass stimmte, was die Untersuchungen des Unglücks ergeben hatten und was seither in Ermangelung einer anderen Erklärung als Ursache für den Untergang der *Niobe* galt: Eine Weiße Bö, die man im Englischen *white squall* nannte, hatte das Segelschulschiff versenkt – wenn dem so war, die einzige bekannte Fallbö dieses Ausmaßes in deutschen Gewässern seit Beginn der meteorologischen und nautischen Aufzeichnungen.

Wie aus dem Nichts materialisiert stand Markos Vater am Niobe-Denkmal mit einem Mal neben ihm. Er stemmte die Fäuste in die Hüften, sodass Marko die über und über behaarten Pranken beobachten konnte. Wenn sein Vater von einem zum anderen Moment zornig wurde, rauschten die Hände durch die Luft und schlugen zu.

Indem er auf die See blickte, wo nichts als Wasser war, fragte er: »Na, willst wohl wissen, wieso der beknackte Mast hier in der Weltgeschichte rumsteht.«

Obwohl Marko ziemlich genau wusste, warum der Mastnachbau stand, wo er stand, nickte er und blinzelte den bärtigen Mann von unten herauf an. Schwer zu glauben, dass dieser Fremde, der wieder sein Vater sein sollte, Onkel Werners Freund gewesen war.

Ebenso gut, wie er die Geschichte der *Niobe* kannte, wusste Marko, es war besser, in solchen heiklen Gesprächen nicht mit eigenen Kenntnissen zu prunken. Der Brotwagenfahrer war leicht gekränkt, brüllte los und haute zu, eh man sichs versah. Er höhnte, wurde gemein und war wendig und blitzschnell, wenn er in Rage geriet. Sich vor einem seiner Schläge wegzuducken, half nicht, es zögerte die Strafe nur hinaus und verschlimmerte sie.

Marko gab ein gedankenvolles Brummen von sich.

»Ist der Mast von einem Segler, der da draußen mal unterging. Da war ich ungefähr so 'n Spiddel wie du«, sagte sein Vater, der 1934 geboren wurde, zwei Jahre nach dem Unglück im Fehmarnbelt. So alt wie sein älterer Sohn war der Brotwagenfahrer in Wirklichkeit 1944 gewesen, und von dieser Zeit, seiner Berlin-Pankower Kindheit, erzählte er gern; er sei stolz, einer der letzten Pimpfe gewesen zu sein, die der Adolf eigenhändig in der HJ begrüßt habe. Was mit diesem »eigenhändig« gemeint war, darüber dachte Marko viel nach, auch jetzt, mit diesen Händen so dicht vor seinen Augen.

Er nahm den Mut zusammen und fragte seinen Vater, dessen Augen sich auf der Stelle verengten: »Warum ist das Schiff denn untergegangen?«

»Lass uns rüber zu deiner Mami und deinem verheulten Bruder, die wollen los«, lautete die Antwort, und dabei blieb es.

»Wohin versinkt unaufhörlich, was wir erleben?«, fragt die Dichterin Angela Krauß in den Erinnerungen an ihre Kindheit, und genauso fragte sich das Marko fortwährend, auch wenn er seine Empfindungen nicht in so berührende Worte fassen konnte. Seit der Rückkehr seines Vaters, der sich in sechs oder sieben Jahren nie gemeldet hatte, außer zu Weihnachten, wenn für Marko und Stipe je ein Brief eintraf mit einem Zehnmarkschein darin, ja, seit jenem Mittag, als Marko im Bad Tölzer Hallenbad ausgerutscht und mit einer leichten Gehirnerschütterung nach Haus geschickt worden war, wo auf der Wohnzimmercouch seine Mutter neben einem Fremden saß, der ihn ununterbrochen anstarrte – seit diesem nur benommen und verschwommen wahrgenommenen Mittag schien Markos Kindheit aus und vorbei. Tatsächlich kam es ihm vor, als wäre sie untergegangen.

»Der Mann drüben auf der Couch«, hatte seine Mutter im Kinderzimmer zu Marko gesagt, »weißt du, wer das ist?«

»Mein Vater«, hatte ein Junge in ihm geantwortet, der gerade noch er selber gewesen war, ihm nun aber ebenso fremd erschien wie der Mann auf dem Sofa.

Mama hatte ihn an der Hand ins Wohnzimmer zurückgeführt und aufgefordert, seinen Vater anständig zu begrüßen.

Und Marko hatte Guten Tag zu dem Fremden gesagt und hätte am liebsten zugleich geweint und losgelacht.

Und der Mann hatte gefragt: »Hast du nicht was vergessen, Junge?«

Und seine Mutter hatte gesagt: »Gib deinem Vater die Hand, Schatz.«

Wie waren sie auf den Gedanken gekommen, die Sommerferien ausgerechnet auf Fehmarn zu verbringen, auf einer wie ein Mantarochen geformten Ostseeinsel weit oben im Norden, statt wie bisher im Freibad in Benediktbeuern, oder am Achensee in Österreich, in Brixen in Südtirol oder Bibione Pineda an der Adria? Das fragte sich Marko, als er neben dem leise in sich hineinwimmernden Stipe hinten in der Katze saß und der Vater, der seine frühere Frau und seine früheren zwei Söhne zurück zum Bauernhof fuhr, am Steuer einen Schlager mitsang. Marko spürte, wie sich das Lied genauso tief ins Gedächtnis fräste wie das von dem Jungen mit der Mundharmonika und das von den Tränen, die nicht logen.

»Oh, Hamburger Deern, süße Hamburger Deern,
nun sag bloß nicht jedem, dass wir 'n Liebespaar wär'n ...«

Marko wusste, Stipe litt viel mehr an der Übermacht des Brotwagenfahrers als er selber, denn sein Bruder schien keinen Platz in der Phantasie zu haben, zu dem er sich hätte flüchten können, er lebte ganz in derselben Welt wie ihr Vater und war ihm dort ausgeliefert.

Was eine Deern war, wusste Marko nicht, aber dass in den sechs oder sieben Jahren seit der Scheidung seiner Eltern sein Vater in Hamburg gewohnt hatte, wusste er von seiner Großmutter, die ihm stets alles zu erklären versuchte, was ihm an der Welt der Erwachsenen Rätsel aufgab. Der ruhmreiche Brotwagenfahrer hatte in Hamburg als Koch gearbeitet und als Versicherungsmakler, und er hatte eine andere Frau gehabt, eine Hamburgerin vielleicht, eine Hamburger Deern, die ebenfalls zwei Söhne hatte. War er mit ihnen in den Sommerferien genauso nach Fehmarn gefahren? Wo waren die Frau und die Jungs jetzt? Marko kam es vor, als wären Stipe und er zu diesen zwei fremden Jungs gemacht worden und würden nun deren Leben führen müssen. Es stand fest, dass sie alle, die noch lebten, ihre Mutter, ihre Großmutter und Stipe und Marko, nach den Sommerferien auf Fehmarn nach Hamburg ziehen würden.

Wenn man vom Niobe-Denkmal kommend in Richtung Landkirchen fährt, zweigt in Gammendorf zwischen großen Bauernhöfen und einem Pferdegestüt die Straße nach Dänschendorf und Petersdorf ab; dort im Westen stand die Sonne schon sehr tief über der Inselküste, bald würde es aussehen, als ginge sie im Meer unter. Ihr nach Luftmatratzenplastik riechender Wagen fuhr langsam durch den Ort. Kinder spielten auf der Straße. Aus den Gärten kamen Qualm und Musik, denn vielerorts wurde abends gegrillt. Ein tomatenroter Traktor, ein Massey Ferguson mit zwei Anhängern voller Strohballen, auf denen johlend lauter Kinder saßen, kam ihnen entgegen. Durch die alten Bäume fiel das Abendlicht, und Marko sah durch das Seitenfenster der Katze mit einem Mal ein von Efeu bewachsenes Haus, über dessen Eingang er ALTE SCHULE las. Im Schritttempo fuhren sie daran vorbei, und außer ihm schien niemandem aufzufallen, dass sie soeben einen Zeitspalt passierten. Marko stellte sich vor, wie die Kinder aus der Gammendorfer Schule ins Freie gestürmt waren. Sie stiegen auf ihre Räder, einige größere Jungs nahmen Mädchen in Sommerkleidern auf dem Gepäckträger mit, und schon kam auch ihr Lehrer, Herr Björnsen, aus dem Schulhaus und folgte ihnen, fuhr ihnen nach auf seinem alten Gespensterdrahtesel.

Stipe wimmerte irgendwann seltener und holte zum Glück wieder öfter Luft, wenn auch mit einem tiefen Schluchzer. Aber erst als sie zurück auf dem Hof und in ihrem Dachzimmer allein waren, beruhigte er sich wirklich und redete wieder so schnell wie immer.

Und wie er plapperte. So schnell sprechen konnte nur Stipe. Er hatte beim Spielen am Strand fürchterlich riesige, ekelhafte Krebse aus dem Wasser kommen sehen, grüne Krebse, die größten Spinnen seines Lebens, mit acht Beinen, acht Fühlern, acht Augen! Und sie waren so groß wie die Handteller des Bauern gewesen, des alten Richardsen, wenn er sie sich an der Latzhose abwischte und auf dem blauen Stoff dann zwei schwarze verschmierte Hände zurückblieben, die wie die Hände von Toten, von schlammigen Toten, aussahen!

»Glaubst du mir?«, fragte Stipe mit weit aufgerissenen Augen.

»Ja«, antwortete Marko. »Natürlich! Ich hab die Biester ja auch aus dem Wasser kommen sehen und wollte darum unbedingt los« – eine Lüge. Eine Lüge, die Stipe erst aufatmen und dann lächeln ließ, was bei Marko zeitverzögert dasselbe zur Folge hatte. Er atmete auf und lächelte, weil sein Bruder wieder wusste, dass keiner allein auf der Welt war.

Nach dem Abendessen, das Frau Richardsen gekocht hatte und das Gesche und Dörte im Esszimmer auftrugen, durften die Kinder so lange, bis es dunkel wurde, noch raus zum Spielen. Sie spielten Verstecken in der Scheune, die, wenn der Mähdrescher nicht darin stand, so endlos und leer wirkte wie der Nachthimmel. Oder sie rannten im Pulk, eine Handvoll Jungs aus allen möglichen Städten und auch ein paar ältere Mädchen, die alle vor Fledermäusen Angst hatten, die dunkel und dunkler werdende Pferdeweide hinauf bis zu der Reihe aus Apfelbäumen und Birnbäumen, wo hinter einem Zaun, der seit Jahrhunderten dort verwittern und vor sich hin rosten musste, der Feldrand lag, die Weite, über die der Inselwind heranpfiff, und die stockstumme Schwärze der Fehmarner Finsternis.

Dann lagen Stipe und Marko zusammen in einem Bett, damit Marko seinem Bruder flüsternd noch etwas vorlesen konnte. Er las vom Untergang der *Niobe*, unterbrach sich aber immer wieder, weil ihm etwas auffiel oder einfiel, was nicht in dem Buch stand, oder weil Stipe eine Frage hatte.

»Hat es denn diese Weiße Bö wirklich gegeben, oder ist die erfunden?«

Marko wusste es nicht. Wenn es stimmte, was er gelesen hatte, war die Fallbö aus südwestlicher Richtung auf die *Niobe* hinuntergerauscht und von unvorstellbarer Kraft gewesen. Sie musste ein so starker plötzlicher Fallwind gewesen sein, dass sie das unter beinahe vollen Segeln laufende Schiff augenblicklich kentern ließ. Jedenfalls hatte die Crew keine Zeit gehabt, um in die Wanten hinaufzuklettern und die Segel einzuholen.

»Das Schiff wurde unter Wasser gedrückt wie von einer riesigen Faust«, sagte Marko. »Und weil wegen der Hitze alle Luken und Bullaugen offen standen, lief es sofort voll, kriegte furchtbar Schlagseite und konnte sich nicht wieder aufrichten. Die meisten Kadetten und alle ihre Lehrer waren unter Deck, und kaum einer schaffte es noch ins Freie. Nur die, die oben waren und über Bord gespült wurden, konnten gerettet werden. Die trieben im Meer.«

»Ja, im Meer«, sagte Stipe leise und blickte zur Wand, über die das kleine Schiff segelte. »Wieso war das Meer eigentlich weiß?«

»Der Wind hat es weiß gemacht«, sagte Marko. In seiner Vorstellung war der Wind so stark gewesen, dass er die Wellen dort draußen vor dem Gammendorfer Strand in Sekunden mit schneeweißen Schaumkronen bedeckt hatte. Marko hatte gelesen, dass Weiße Böen für blitzartigen Nebel und sogar im Hochsommer für eine Art Sekundenwinter sorgen konnten, in dem es urplötzlich schneite und eiskalt wurde, ehe der weiße Sturm so abrupt wieder vorbei war, wie er auftrat.

Der Schlaf übermannte Stipe. Eng an seinen Bruder gedrückt, fing er an, leise zu schnarchen.

Eigentlich, dachte Marko, mag ich das Meer gar nicht. Was ich mag, sind Schiffe, besonders Segelschiffe, aber auch das stimmt eigentlich nicht. Ich mag am Meer nur die schöne Traurigkeit, die einen packt, wenn man übers Wasser in die Weite guckt, und ich mag, dass es Bücher über das Meer gibt, Erzählungen und Zeichnungen und Bilder, von Walen, Haien, Rochen und Fischen.

Markos Blicke folgten noch einmal der Fahrt der *Niobe* über die Zimmerwand. Ihm fiel ein, was in einer der Zeitschriften unten im Lesezimmer der Richardsens stand, nämlich, dass der

Name Fehmarn aus dem Dänischen kam, wo man »Femern« zu der Insel sagte. »Fe mern«, das hieß »weit draußen auf dem Meer«.

Jedes Schiff war auch eine Insel.

2 Finger im Mund

In seinem Langgedicht *Ostseen* von 1974 gibt es zwei erschütternde Zeilen, die mir immer gleich einfallen, wenn ich an Tomas Tranströmer denke.

»... es gibt niemanden, der sich erinnert,
wer ›ich‹ ist. Niemanden.«

Ich erinnere mich an Marko. Ich erinnere mich gut an den Stirnwirbel, an dem man ihn schon von Weitem erkannte und der ihm so auf die Nerven fiel. Ich erinnere mich an seine Stars-and-Stripes-Badehose, die er hatte, weil Mark Spitz so eine trug, als er bei den Olympischen Spielen von München unfassbarerweise sieben Goldmedaillen erschwomm. Ich weiß noch, dass wie Mark Spitz auch Marko sich manchmal heimlich »Mark the Shark« nannte, und ich sehe noch das dicke Buch vor mir, das er auf dem Ferienbauernhof der Richardsens in Hinrichsdorf so oft mit sich herumschleppte und an dem er immerzu herumschnippelte und -klebte, als würde darin etwas Lebendiges hausen, das ansonsten aus dem Buch entkäme. Im ersten Jahr, als er mit seinem Bruder und seinen Eltern auf der Insel Urlaub machte, wirkte dieses Buch voller Segelschiffzeichnungen und -fotos noch viel zu groß für ihn. Nur mit Mühe konnte er es überhaupt vom Fleck bewegen. Marko war eher klein und schmächtig, wenn auch flink und ausdauernd. Ich erinnere mich, dass einmal ein Reporterteam ins Dorf kam, das Kinder und deren Eltern interviewte, die öfter nach Fehmarn fuhren. »Die Sommerinselkinder« sollte der Film heißen, der aber, glaube ich, nie gedreht wurde. Ich weiß noch, wie einsilbig Marko wurde und wie verstockt er wirkte, sobald er auf sich selbst gestellt war und man ihn ansprach, dass er aber in den Mittelpunkt eines jeden Pulks aus Kindern drängte und dort dann meistens der Vorlauteste, Aufbrausendste und am hellsten Lachende war.

Noch während ihres ersten Fehmarnurlaubs entschlossen sich Markos Eltern, auch die nächsten Sommerferien in dem kleinen Dorf in der Inselmitte zu verbringen, und als es im Juli 1976 so weit war, da staunte jeder auf dem Hof der Richardsens – der alte Bauer, seine Frau, ihr Sohn Klaas, ihre Töchter und die anderen Sommergäste, die auch wieder da waren –, wie sehr sich Marko und Stipe in zwölf Monaten verändert hatten.

Frisch zum zweiten Mal verheiratet, fuhren ihre Eltern weiterhin an jedem sonnigen Vormittag zum Grünen Brink und blieben dort, bis der Strand sich leerte und sie nach Haus fuhren, weil alle nach Haus fuhren. Stipe fand Spielkameraden am Strand. Er war mächtig in die Höhe geschossen und von einem Selbstbewusstsein erfüllt, das die Eltern verblüffte und verunsicherte und das auch Marko erstaunlich fand, aber ebenso wundervoll. Plötzlich spielte Stipe Fußball, Volleyball, Handball, Federball. Er rannte wie der Wind, keiner konnte ihn einholen. Einmal nahm er sich nach dem Frühstück das Fahrrad von Dörte oder Gesche Richardsen, klemmte seine Badehose und ein Handtuch auf den Gepäckträger und fuhr los, zum Strand, weil ein paar Jungs aus Gelsenkirchen oder Bochum ein Volleyballspiel angesetzt hatten, das ohne ihn, Stipe, der zehn war, nicht würde stattfinden können. Er radelte wie der Wind, nichts konnte ihn aufhalten.

Sogar der Brotwagenfahrer, der inzwischen Kartoffelchipswagenfahrer war, konnte Stipe nicht davon abbringen, allein, mit einem heimlich ausgeliehenen Fahrrad, quer über die halbe Insel Fehmarn an den Strand zu fahren, wo nur Fremde waren.

»Du bleibst hier und fährst mit uns, oder es setzt Dresche«, hatte ihr Vater gesagt, und Marko hatte seinem Bruder zugeflüstert, dass es bestimmt besser war, zu warten.

»Ich bleibe nicht hier, und Dresche, na und?«, hatte Stipe gerufen und war weggerannt.

Er radelte durch endlose Rapsfelder, die gelb wie die Sonne waren, vorbei an Höfen, über denen dreimal so hohe Bäume aufragten und alte, im Wind quietschende Windräder. Stipe radelte mitten durch eine Mückenwolke hindurch. Er fuhr, keiner wusste, wie er das anstellte, einen Geheimweg. Er fuhr nicht über Vadersdorf und Gammendorf zum Grünen Brink, sondern über Todendorf und Poggensiek, über vollkommen stille, schmale Straßen und Wege, die Hafer- und Roggenfelder durchschnitten und an deren Rändern so viele Mohnblumen und Kornblumen wuchsen, dass Marko sich zum ersten Mal fragte, wozu es Blumen überhaupt gab auf der Welt. Er dachte an den Satz auf dem Sockel des Niobe-Denkmals, dort hätte genauso gut stehen können: »Es ist nicht nötig, dass es Blumen gibt, wohl aber, dass sie ihre Pflicht tun.«

Damals gehörten die Straßen auf Fehmarn noch den Kindern. Marko und seine Mutter fuhren Stipe mit der Katze nach, ohne dass der davon etwas merkte. Immer waren mehrere Hundert Meter Abstand zwischen dem wie ein winziger Radrennfahrer vor ihnen herjagenden Stipe und ihnen beiden in dem sich flach auf den Asphalt duckenden weißen Citroën. Marko saß vorn und war sehr stolz, auf sich, aber auch auf seinen Bruder, den er nicht aus den Augen ließ.

»Oh Gott!«, rief ihre Mutter, wenn dem Fahrrad auf der engen Straße durch die Felder ein Trecker oder gar Mähdrescher entgegenkam.

Auch Marko hatte sich seit dem vorigen Sommer stark verändert. Er war genauso schnell gewachsen wie Stipe, und ebenso galten sein Interesse und seine Leidenschaft auf einmal ganz anderen Dingen. Hätte ihn ein Reporter gefragt, was das Schönste auf der Welt für ihn war, Marko hätte nicht lange überlegen müssen.

»Nachts bei Treckerflutlicht das große Feld an der Straße nach Bannesdorf zu pflügen«, hätte er gesagt. Für den Elfjährigen, der er war, nur scheinbar eine etwas kryptische Aussage.

In Wirklichkeit war das Schönste auf der Welt in diesem Sommer für Marko zum ersten Mal ein einzelnes und ganz bestimmtes Mädchen, nur hätte nichts ihn dazu gebracht, das zuzugeben, weder vor sich noch vor irgendwem sonst. Trotzdem stimmte es, aber der Einzige, der das wusste, war Marko.

In diesem zweiten Sommer auf der Insel war vieles anders geworden. Mit ihren Eltern und ihrer Großmutter lebten Marko und Stipe seit neun Monaten in einem Haus am Hamburger Stadtrand. Sie gingen aufs Gymnasium und in den Fußballverein. Sie hatten neue Freunde gefunden und kassierten einmal, zweimal die Woche Schläge von ihrem Vater. Der Stumpfsinn war das Normale. Der Kummer und das Aufbegehrenwollen wuchsen.

Als phantastisch empfand es Marko da, dass sie nicht zu viert auf Fehmarn Urlaub machten wie im Vorjahr, sondern gemeinsam mit mehreren anderen Familien. Sie fuhren ab Quickborn im Konvoi Richtung Norden und allesamt hupend wie zur Feier einer Hochzeit schließlich über die Fehmarnsundbrücke. Auf fünf Autos bringe es ihr »Trupp«, posaunten die Männer herum. Zwei Onkel, zwei Tanten, drei Cousinen von Marko und Stipe, dazu zwei alte Freunde ihres Vaters mit deren Frauen und zwei meistens stummen Söhnen: Aus zehn Erwachsenen und sieben Kindern zwischen vier und vierzehn Jahren bestand ihr Pulk, der den Hof der Richardsens überrollte und sich schon am ersten Abend auf der Sommerferieninsel »die Fehmaraner« nannte. Nannten sich die Einheimischen wirklich so? Marko schien, dass sie sich je nach Gegenüber und je nach Situation entweder als »Fehmarner« oder »Fehmaraner« bezeichneten, jedenfalls nahm man den Unterschied auf der Insel sehr ernst. Sagte ein Urlauber zu einem Hinrichsdorfer von sich selbst, er sei seit zehn Jahren Fehmaraner, konnte er sich sicher sein, dass die Antwort lauten würde: »Jau, is schön hier bei uns Fehmarnern.« Und umgekehrt. Ganz ähnlich verhielt es sich mit der leidigen Moin-Frage. Grüßte man mit »Moin, moin« oder einfach mit »Moin«? Man wurde nicht schlau daraus, und genau das schien die Absicht dahinter zu sein.

Drei Familien der Hamburger Sommerhorde wurden in einem frisch umgebauten Pferdestall einquartiert, in dem nun Apartments mit skandinavisch eingerichteten Wohn-, Schlaf- und Kinderzimmern lagen. Hinter den viel bewunderten Stallwohnungen stand zwischen lauter Dornenhecken, riesigen, uralten Rhododendren und dem Feldrand, von dem aus man über die Äcker und Knicks blickte, ein verfallenes Gehöft. In geschwungenen weißen Lettern prangte die Jahreszahl 1805 über dem Scheuneneingang, dessen Torflügel sich in Luft aufgelöst hatten. 1805 hatte die Seeschlacht von Trafalgar stattgefunden, wusste Marko.

Inzwischen aber gab es Wichtigeres für ihn als Admiral Nelson und die französisch-spanische Armada. Alle Stallkinderzimmerfenster blickten auf einen wilden Garten, wo einmal die Kräuter- und Blumenbeete des Hofes gewesen waren. In ihrer Mitte stand ein knorriger, uralter Nussbaum, dessen Schatten von Sonnenaufgang bis Sonnenuntergang über die weiß getünchte Wand der Scheune mit dem eingestürzten Dach rückte. Das Herz ihrer Großmutter nannte die alte Frau Richardsen den Kräutergarten, und an diesem Fleck, wo es duftete, als könnte man dort die Haut der Welt riechen, stand Marko jeden Abend, sobald er sich unbeobachtet glaubte, und sah so ängstlich wie erwartungsvoll zu einem der erleuchteten Quadrate in der restaurierten Fachwerkwand hinauf. Er schnupperte, und nicht selten seufzte und schniefte er auch, bevor er sich einen Ruck gab und davontrottete, durchrieselt von den angenehm schmerzhaften Schaudern des allerersten Liebeskummers.

»Karlina …«

Das mittlere der drei Fenster gehörte zu Karlinas Zimmer. Sie war die Tochter von Golo, einem alten Freund von Markos Vater. Golo war Versicherungsmakler. Er war ein Riese mit einem Bauch wie ein Schiffsrumpf und einem so lauten Lachen, dass jeder außer dem Kartoffelchipswagenfahrer sich davor fürchtete. Vielleicht lachte Karlina deshalb fast nie. Sie war so ernst und streng, wie sie hübsch war – wunderstreng. Karlina war groß und schlank, sie hatte glatte blonde, bis sonst wo reichende Haare und zwei seltsam weit auseinanderstehende flaschengrüne Augen. Stipe mutmaßte, dass zwischen Karlinas zwei sichtbaren ein drittes, geheimes und nach innen gewandtes Auge war, das oft weinte – aber das war nur Stipes Annahme. Ihn nahm Karlina nicht selten in den Arm. Dann drückte sie ihn fest an sich, an ihren Oberkörper, sodass Stipe vor Wonne schielte und Marko vor Eifersucht wegrannte, um irgendwo im Schatten eines Gebüschs zu weinen und auf seinen Tränen zu kauen.

Sie war dreizehn, Marko elf. Zwischen ihnen dehnte sich ein schwarzes, sternloses, sprachunkundiges Universum aus. Der einzige Mensch in Hinrichsdorf und auf ganz Fehmarn, der bemerkt zu haben schien, was mit Marko vor sich ging, war Karlinas Stiefmutter Disvea. Es verging eine ganze Weile, bis Marko begriff, dass Disvea in Wirklichkeit Svea hieß, alle aber, auch sie selbst, sie die Svea nannten. Die Svea war anders. Sie war nicht nur nett, sondern sehr freundlich. Manchmal kam sie Marko wie ein Mädchen vor, das im Körper einer Frau gefangen gehalten wurde. Die Svea kniff die Augen zusammen und fletschte die Zähne, wenn das Haus bebte, weil ihr Mann prustete, ehe das Lachen aus ihm hervorbrach.

Was ihren älteren Sohn umtrieb, nannte Markos Mutter »die

schwierige Zeit«, und was es tatsächlich war, wusste Marko selber nicht. Doch wenn die Svea vorbeiging, legte sie ihm eine Hand auf den Arm, drückte ihn leicht und flüsterte: »Lenk dich mit irgendwas ab. Kommt Zeit, kommt Fahrrad. Okay?«

Er nahm sich das Sprichwort zwar zu Herzen, das die traurig wirkende Frau ihm da jeden zweiten Tag ins Ohr flüsterte. Aber es war doch etwas anderes, was Marko in diesem zweiten Fehmarner Sommer und für die ganzen folgenden Jahre Mut machte. Es war diese gehauchte Frage am Schluss, das leise »Okay?«, bei dem die Svea ihm lächelnd in die Augen blickte.

Ich habe es gesehen, ich war dabei ... Von dieser Wärme, die es selten gibt und die schon damals rar war, fühlte Marko sich erkannt.

Kommt Zeit, kommt Fahrrad ... Die Zeit verging, und der Rat, den er als dieser Elfjährige annehmen sollte, wurde ihm verblüffend schnell erteilt. Darum hatte Marko noch eine ganze Weile lang das Gefühl, er habe sich den Rat selbst gegeben.

Aber das stimmte nicht. Es war in Wahrheit die Insel, Fehmarn selbst gab ihm den Rat, sie zu entdecken und so den Reichtum des Sommers, anstatt sich vom Kummer anstecken und beherrschen zu lassen. »Open up, everything's waiting for you«, hörte er einmal in einem Lied, das 1977, im dritten Fehmarner Sommer, oft im Radio lief. Die Band hieß Fleetwood Mac und der Song *Go your own way*.

»You can go your own way«, lautete der Refrain, »you can call it another lonely day.«

Sommer oder Kummer – für Marko wurde das die Frage, die ihn in den nächsten Jahren auf der Insel beschäftigte.

Auf dem Hof der Richardsens, auf ihren Feldern rings um das Dorf und auf dem Gelände des alten Gehöfts war von Mai bis September den ganzen Tag lang eine Unzahl von Dingen zu tun. Vieles davon übernahmen die Sommerinselkinder, die sich oft sogar darum rissen, die Schweine, Ferkel, Hühner und Küken zu füttern oder auf dem Heuboden der großen Scheune die Eier zu sammeln, die ihren Eltern dann zum Frühstück serviert wurden. Einmal brach Marko dort oben in einem abgelegenen Winkel, in dem in Netzen aus Licht und Silber fleischeinlagentaugliche Spinnen Jungen wie ihm auflauerten, durch den mürben Bretterboden und rauschte aufrecht stehend hinunter in den Schlamm des Ferkelkobens, der sich verblüffenderweise nicht anders als Mohnkuchenteig anfühlte. Marko lachte, weil er entkommen und weil er geflogen war, und die anderen stürmten herbei und staunten ihn an, weil er vier braune unzerbrochene Eier in Händen hielt.

Der alte Richardsen verteilte die zu erledigenden Aufgaben nach Art des Bauernpatriarchen. Gehorsam, Tapferkeit und Körperkraft der Ferienkinder waren für ihn ausschlaggebend. Was deren Eltern für richtig oder unangemessen hielten, kümmerte ihn nicht. Widerworte? Duldete er nicht. Freche und vorlaute Jungen durften Mist schippen und ernteten seinen Spott, und Mädchen, die er schnippisch fand, scheuchte er über den Hof, bis sie heulend ins Haus rannten, und grölte ihnen »Draken!« oder »Stuut!« nach, und für den Rest des Sommers würdigte er sie keines Blickes mehr. In der Worpsweder Kunsthalle stand ich einmal lange vor einem Gemälde von Fritz Mackensen, das *Trinkender Bauer* heißt. Der alte Bauer in schwarzer Arbeitshose und gestreiftem Hemd kniet auf dem abgeernteten Getreidefeld und setzt den schmalen Hals eines tönernen Wasserkrugs an die Lippen, der dadurch fast wie ein Blasinstrument wirkt. Mackensens Bild ist nicht frei von völkischem Schmu, und doch erzählt es etwas und erinnerte mich auf Anhieb an Raulf Richardsen.

Auf die Stoppelfelder fuhren am frühen Morgen zum Verladen der Strohballen ganze Banden aus Kindern und Jugendlichen, die dann dort auf den in Zweier- und Dreierstafetten hinter die Trecker gekoppelten Anhängern standen und bis zum letzten Lichtschein die erst gelben, später orangegelben, schließlich goldgelben Quader aus verschnürtem Stroh aufspießten, hochhoben und stapelten. Mächtige Staubwolken zogen unsere Gefährte hinter sich her. Fast vierzig Jahre später erinnere ich mich genau an die Mittagspausen zwischen den ganzen Kindern und den Dorffrauen oben auf den manchmal haushoch mit Strohballen bepackten Anhängern. Es gab Tomatenbrote, Äpfel, Paprikastreifen, Kirschen und kalte Koteletts. Mostflaschen wurden herumgereicht. Ein paar Jungs erzählten giggelnd Witze, die immer schlüpfriger wurden, bis eine der Frauen dem Treiben Einhalt gebot, meist mit einer Geste und einem so derben Spruch, dass der Witzereißer rot anlief. Andere Jungs nutzten die halbe Stunde zu einem Nickerchen in der Sonne, und wieder andere, meist ältere, aalten sich in der Nähe der Mädchen, die nur dünne Sommersachen trugen und nackte Beine, nackte Arme und verschwitzte Achseln hatten. Karlina war immer dabei, immer umlagert von den Großen, die es schafften, ihr tief und lange in die Augen zu blicken, und die, als der Bauer rief, dass es weiterging, hinunter auf einen Strohballenberg sprangen, als wäre der Anhänger ein Schiff und das Stroh das gelbe Meer. Ich sehe Marko vor mir. Er war nur einer von vielen, aber er liebte das alles, liebte es mehr, als er in Karlina verliebt war. Er fand es herrlich, selbst wie so ein Strohballen zu riechen, und weigerte sich im Sommer 1977 drei Wochen lang erfolgreich, zu duschen.

»Wenn dein Herr Sohn so weitermacht, wird er werden wie die feinen Terroristen von der Baader-Meinhof-Bande«, sagte sein Vater zu Markos Mutter. Zerkratzt, zerschunden, mit chronischem Muskelkater und glückseligem Lächeln fiel Marko ins Bett und schlief zehn Stunden lang wie ein Stein. Im Postamt von Burg hatte er ein Fahndungsplakat gesehen, darauf waren lauter Terroristinnen, aber kein einziger Terrorist abgebildet gewesen. Die Namen der Frauen verfolgten ihn bis in den Schlaf: Brigitte Mohnhaupt! Hanna Krabbe! Friederike Krabbe! Silke Maier-Witt! Inge Viett! Elisabeth von Dyck! In einem der Sommer, in denen sie mitkam nach Fehmarn, stand einmal frühmorgens ihre Großmutter im Dachzimmer von Stipe und Marko und schluchzte. Sie hatten ihr nichts getan, und trotzdem weinte sie ganz furchtbar.

»Eews Bressli is geschtor'm«, sagte sie in der Sprache ihres sächsischen Herzens, in der es keine Vögel gab, dafür aber Vöschel, und während Marko sich eine Welt ohne Elvis Presley vorzustellen versuchte – was ihm nicht gelang – und sich fragte, ob womöglich die Rote-Armee-Fraktion ihn umgebracht hatte, sah sie unter Tränen nach, ob das Fenster der Jungs auf Kipp stand.

Ehe er zum ersten Mal nach Fehmarn kam, hatte Marko nie ein Ziel gehabt, alle Ziele hatte er insgeheim als von den Erwachsenen aufgestellte verworfen. Nun aber war das anders. In seinem zweiten Fehmarner Sommer hatte er aus freien Stücken ein Ziel ins Auge gefasst, allerdings dauerte es zwei weitere Sommerferien auf der Insel, bis es endlich in Reichweite kam. Es war ein Vormittag wie jeder andere, als der Bauer, der sich bei einem Sturz vom Mähdrescher ein Bein gebrochen hatte, auf Krücken an ihm vorbeihinkte, mit der zusammengerollten Zeitung an seinen Gips klopfte und zu Marko sagte: »Du fährst den Fendt.«

Der Fendt!

Den Fendt fahren zu dürfen – ein heuschreckengrüner Favorit, Baujahr 75, mit Allradantrieb, fester Kabine und Schutzblechen über den hydraulisch lenkbaren Vorderrädern –, war so etwas wie der Ritterschlag auf Richardsens Hof. Marko war dreizehn, es war sein vierter Hinrichsdorfer Sommer, und so wusste er, was ihm einige ältere Jungs in den vergangenen Jahren vorgemacht hatten: Er musste den Fendt mit seinen zwei

Anhängern nur diesen einen Nachmittag lang unfallfrei, ohne Zeitverlust und ohne Zwischenfall hin- und herfahren auf dem Feld bei Ostermarkelsdorf, das Klaas mit dem Mähdrescher aberntete. Wenn die Anhänger voll beladen waren, würde er sie mit dem Fendt zum Feldrand ziehen, wo Klaas' bester Freund Hardy sie an den bulligen John Deere seines Vaters hängte, des alten Bauern Babbe. Über die Inselstraßen, auf denen Marko nicht fahren durfte, würde Hardy Babbe die Wagen zum Hof schaffen, wo sie entladen wurden, um eine Stunde später wieder leer am Feldrand zu stehen. Der den Fendt fuhr, kuppelte sie daraufhin wieder an und folgte von Neuem Klaas' Mähdrescher.

Die sechs Stunden am Steuer des Fendt, hinter sich die Anhänger, auf denen sich wie überdimensionierte Goldbarren die Strohballen türmten, erschienen Marko als schönster Nachmittag seines Lebens. Als Junge mit Stirnwirbel war er am Mittag hinauf in die Kabine geklettert und losgefahren, als hätte er nie etwas anderes getan, und als er abends den Fendt ausschaltete und zwischen dem warmen Motorblock und dem Hinterrad, das viel größer war als er, hinunterstieg, kam es ihm vor, als wären gerade zwanzig Minuten vergangen. Am ganzen Körper zitternd, kletterte er auf den letzten Strohanhänger. Es ging zurück zum Hof, stumm vor Stolz sagte Marko kein Wort, selbst dann nicht, als er vorn in der Kabine des John Deere auf dem Radkasten neben Hardy Karlina sitzen sah.

»Brauch wen zum Nachtpflügen«, rief Bauer Richardsen, als er am späten Abend aus der Scheune kam, in der wie ein Robotergoliath der Mähdrescher stand. Klaas kroch unter dem Monstrum umher, irgendwo musste ein Radio oder Kassettenrekorder stehen, denn man hörte Pink Floyd, *Wish you were here*. Kleine Jungs jagten die großen Mädchen über den Hof, es wurde Fangen gespielt, »Krieng«, »Kriegen«, hieß es auf Fehmarn, und die großen Jungs standen herum oder warteten auf der Hofmauer auf den richtigen Augenblick. Johlen brandete auf, wenn ein Mädchen hinfiel oder ein Rock hochflog und kurz alles zu sehen war.

Der Alte blieb stehen. Der Geruch des Bauern stieg Marko in die Nase, ein Geruch nach Erdboden, Schmierfett, Mist und Seife.

»Meinste, du schaffst dat? Vier Stunden? Du pflügst. Ick sitz neben dir. Ick seh alln's, jeden Fehler. Und bei je'm Fehler bohr ick dir – zack! – meine miese Krücke in die Seite.«

Marko lächelte. Er hatte noch nie Angst vor dem Alten gehabt und wusste selbst nicht, warum das so war.

»Mit dem Fendt«, sagte er.

Karlina ging vorbei, im Halbdunkel erkannte Marko die langen Haare, die schmalen Arme und Beine.

»Sie ist nicht irgendein Mädchen«, hatte Stipe gesagt. »Sie ist Supergirl, Kara Zor-L vom Planeten Krypton. Oder eine Göttin.«

Und Marko hatte geantwortet: »Wenn sie eine Göttin ist, dann ist also ihr Vater Gott Golo?«

Im Haus hörte man die Erwachsenen grölen.

»Rolling home, rolling home,
rolling home across the sea,
rolling home to di, old Hamborg,
rolling home, mien Deern, to di …«

Golo lachte. Es klang wie ein Gewitter über Gammendorf.

»Hi, Marko. Kommst du auch?«, fragte Karlina.

»Draken«, kam es tief aus dem Rachen des alten Bauern. »Na, was glaubst du denn? Klar mit dem Fendt, Junge.«

Das große Feld der Richardsens zwischen Hinrichsdorf und Bannesdorf konnte Marko nur pflügen, weil ein Traktor dorthin gelangte, ohne öffentliche Straßen benutzen zu müssen. Nach dem Abendessen holte er den Fendt aus der Scheune. Klaas zeigte ihm, wie er zu manövrieren hatte, um den Pflug anzuhängen, den angehängten Pflug fuhr er hydraulisch hoch, dann kletterte der Bauer auf den gepolsterten Radkastensitz und zog seine Krücken nach oben. Marko verstaute den Proviant, und endlich ging es los, im letzten Licht die alte Pferdeweide hinauf, oben an der Hofgrenze durch das Gatter und weiter über die Feldwege zwischen den Stoppelfeldern hindurch Richtung Osten. Der Fendt mit dem Trumm von Pflug am Heck fuhr sich schwer, ein Koloss, den ein Junge lenkte. Ein Hase duckte sich unter ihren Scheinwerferkegeln weg, eine geisterhaft riesige Katze tauchte in ein Rübenfeld. Der Bauer sagte nur das Nötigste. Meist blickte er stumm mit seinen gelben Augen ins Dunkel der über die Insel herabsinkenden Nacht. Noch nie hatte er Marko nach irgendetwas aus seinem Leben gefragt.

Wer kann sich erinnern an die fünf, sechs Stunden in dieser Nacht, die jetzt seit fast vier Jahrzehnten Vergangenheit sind? Der alte Raulf Richardsen ist lange tot. Damals war er sehr lebendig, auch wenn er, für seine Verhältnisse, in dieser durchpflügten Nacht viel von Sterben und Tod und den Toten redete. Das lag wohl an dem gebrochenen Bein, denn mit Sicherheit hatte er sich bis zu seinem Sturz für unverwundbar gehalten.

Er fuhr Ende der Siebzigerjahre ein noch ziemlich neues himbeerrotes Mercedes Coupé, seinen »Sonntagsdaimler«, wie er den Wagen nannte, einen schönen, von zahllosen Jungs bestaunten breiten und flachen Benz mit wuchtiger Schnauze und viel Chrom. Als ich vor ein, zwei Jahren mit meinen Kindern ein Sommerwochenende auf Fehmarn verbrachte, fuhren wir zur Auffrischung alter Erinnerungen im Schritttempo auch durch Hinrichsdorf, und zu meiner Verblüffung – und Empörung – sah ich, dass die große Scheune auf Richardsens Hof abgerissen und durch eine stählerne Mehrzweckhalle ersetzt worden war. Umgeben von Fahrzeugen, Geräten und Maschinen, deren Zweck sich nicht erschloss, stand ein noch größerer Mähdrescher darin. Doch draußen neben der Halle, wo früher der Misthaufen war, in den Stipe einmal hineinfiel und darüber von allen am lautesten lachte, lag halb überwuchert im vertrockneten Schlamm das räderlose Wrack des Sonntagsdaimlers, ausgeschlachtet und jammervoll, aber unverändert rot wie früher die Beerenhecken in den endlosen Knicks überall auf der Insel.

Die Erinnerungen, scheint mir immer öfter, je älter ich werde, sind selber Inseln. Nur frage ich mich, aus welchem Meer sie herausragen, dem Meer der Zeit, dem Meer des Lebens, meines Lebens oder wessen? Man muss unterscheiden zwischen Erinnerung und Gedächtnis. Irgendwo, ich glaube, bei Jürgen Becker, las ich einmal das schöne Bild, das Gedächtnis sei einem Aquarium vergleichbar, in dem man mit seinen Erinnerungen herumkeschere. Nur wonach? Was vergangen ist, hatte unendlich weit mehr zu bieten als alles, was mein Gedächtnis davon festhält und was Erinnerungen festzuhalten versuchen.

Als sie das Feld erreichten, war es bereits stockdunkel. Der Bauer ließ Marko die auf dem Kabinendach angebrachten Flutscheinwerfer einschalten, und schlagartig lag das Stoppelfeld in seiner scheinbar grenzenlosen Weite und Gespensterhaftigkeit vor ihnen. Ein Rudel Rehe floh ins Dunkel und brauchte dafür so lange wie der Pflug, um herunterzufahren und in den Erdboden zu schneiden.

»Nu man tau, Junge, worauf wartest du, die Sonne?«

Marko gab Gas, der Fendt zog an, wie ein Tier kam er ihm vor, das Fendtpferd, und dann spürte er, wie der Pflug die Erde umgrub, tief eintauchte, das Untere hochholte, es zur Seite warf und so das Obere zudeckte und wie der Grund es erneut schluckte.

»Sieh nach vorn und nach hinten, nach vorn, nach hinten, un weller, un weller«, sagte der Bauer. Und wieder und wieder.

Marko pflügte sechs Stunden lang, ohne Pause, bis drei Uhr morgens, und Punkt Mitternacht aß er am Steuer zwei Klappbrote und trank ein Malzbier. Zu keiner Zeit hatte er das Gefühl, der das Feld pflügte, wäre er. Es war der Pflug, der pflügte, und es war der Fendt, der den Pflug hob und senkte und zog, Furche um Furche, Spur für Spur, während Marko bloß den Trecker lenkte.

Und doch hatte er in dieser Nacht die Empfindung, die ganze Insel umzugraben.

Bauer Richardsen, der eine gute Seite hatte und eine gemeine, zeigte irgendwann auf ein paar weit entfernt im Dunkel glimmende Lichter und fragte Marko, eine Ludergrube, ob er wisse, was das sei? Die Lichter, sagte er, als Marko ahnungslos und ohne großes Interesse den Kopf schüttelte, das sei Gahlendorf, wo Arwed Imiela vor sieben, acht Jahren zwei Frauen zerstückelt und in eine Luderkuhle geworfen habe, eine Grube für halb verwestes Fleisch zum Anlocken von Mardern und Füchsen.

»Dat scheune Femaarn!«, lachte der Alte und haute Marko auf den Rücken, dass der Junge hustete.

»War wohl so 'n Heiratsbetrüger. War aber halt ook Jäger. Schürzenjäger!« Er grunzte vor Lachen. Und mit einem Mal tauchte sein braunes Gesicht mit den ungesund gelben Augen dicht neben Markos Schläfe auf, und der Alte fauchte: »Da fehlen wohl ook noch twee Fruunslüüd, und die Spökenkieker meinen, dat die hier noch enerworrns sin.«

Was der Bauer, der sich zu langweilen schien, da von sich gab, war ziemlich unverständlich, aber Marko wollte auch gar nicht alles verstehen. »Twee Fruunslüüd«, das waren »zwei Frauensleute«, zwei Frauen, und »enerworrns«, das wusste er von Dörte Richardsen, die beim Mittagstischabräumen gern das breite Fehmarner Geschnacke ihres Vater nachahmte, das hieß »irgendwo«.

Irgendwo waren noch zwei Frauen, ja. Na und?

»›Spökenkieker‹ versteh ich nicht«, sagte Marko am Ende einer Furche, die ihm besonders gut gelungen schien. Er wendete. Es kam ihm vor, als könnte der Fendt ewig so weitermachen, als wäre der Traktor so ausgelassen bei der Arbeit, wie er selber es war.

»Eener, der Gespenster sehen kann, is ’n Spökenkieker. So wie ick wull eener ben.«

Am nächsten Mittag, als er ausgeschlafen hatte, las Marko in einer Zeitschrift, die Frau Richardsen aus einem Schrank holte, einen Artikel über den »Blaubart von Fehmarn«. Die Zeilen kamen ihm vor wie die Furchen auf dem Feld, das seine Augen pflügten.

Marko las, dass Arwed Imiela 1970 verhaftet und drei Jahre später wegen Mordes an vier Frauen verurteilt worden war. Er las, dass Imiela mit acht Jahren in ein Erziehungslager der Nazis gesteckt wurde und mit zehn in ein polnisches Arbeitslager. Als Jugendlicher machte er Schwarzmarktgeschäfte, kam in den Besitz eines fremden Passes und nannte sich Detlev-Klaus Holm-Menhardt. Plötzlich war er acht Jahre älter, hatte Abitur, ein Diplom und war ein junger Lehrer. Als sein Schwindel aufflog, musste Holm-Menhardt ins Gefängnis, wo er sich mit Astrologie und Schreibautomaten befasste. Zurück in Freiheit, hieß er wieder Imiela, verdiente seinen Lebensunterhalt mit Horoskopen und lernte darüber Frauen kennen, Fruunslüüd, die er zu Hause besuchte, auch auf Fehmarn. In Gahlendorf, las Marko, hatte Arwed Imiela ein Jagdrevier gepachtet, und in Marienleuchte bei Puttgarden wohnte er zur Miete in einem Bungalow. Dort war er wahrscheinlich zum Mörder geworden. Doch nur zwei seiner mutmaßlichen Opfer hatte die Polizei gefunden. Er war zu vier Mal lebenslänglich verurteilt worden, hatte jedoch nie ein Geständnis abgelegt, immer alles bestritten. Er lebte noch, für den Rest seines Lebens und drei weitere Leben würde er in einem Hamburger Gefängnis eingesperrt sein, aber die vier Frauen lebten nicht mehr, sie waren jetzt Gespenster.

Warum hatte der Alte ihm davon erzählt? Um ihm Angst einzujagen? Oder um die eigene Angst zu bannen?

Ich denke, auch damals, fünfzehn Jahre nach Eröffnung der Fehmarnsundbrücke, die das Inseldasein Fehmarns de facto beendete, hatten alteingesessene Landwirte wie der alte Raulf Richardsen, deren Höfe seit zehn, fünfzehn Generationen in Familienbesitz waren, noch ein feines Sensorium dafür, wenn die moderne urbane Welt, deren moralische Gefüge zusehends zu zersplittern schienen, ihrem vermeintlichen Sonderstatus zu nahe rückte. Dagegen unternehmen konnten die Fehmarner freilich kaum etwas, schon darum nicht, weil ihre Andersartigkeit natürlich trügerisch und bestenfalls schon immer einzig entschleunigte Eigentümlichkeit war. »Niemand ist eine Insel, in sich ganz; jeder ist ein Stück Kontinent, ein Festlandteil« – wenn stimmt, was vor vierhundert Jahren John Donne schrieb, dann ist auch kein Insulaner eine Insel.

Fehmarn, das ist für mich ebenso der Fehmarner Winter, in dem der über die Insel heulende Ostwind zu Jahresbeginn 1979 die höchsten Schneewehen anhäufte, die ich je sah. Das Leben der Insulaner kommt in solchen Wintern nicht zum Erliegen, aber sie ziehen sich notgedrungen doch in ihre Häuser zurück, unter die nicht umsonst so tief hinabreichenden Dächer. Sogenannte Jahrhundertwinter gibt es auf Fehmarn inzwischen alle paar Jahre. Aber es gibt auch immer mehr großzügig verglasten Wohnraum, Zimmer, Flure, Säle, ausgebaute Lofts, in die das Licht fällt, sogar an den kurzen Tagen, und bestimmt kommen deshalb immer mehr Gäste nicht nur im Sommer, sondern gleichfalls im Winter, wenn es zwischen Wulfen, Wallnau, Puttgarden und Katharinenhof sehr still wird. Fehmarn ist noch heute eine bewusst randständige Region, zwar »mittenmang«, mitten im Leben, aber nicht im Trubel. Gerade in ihrer Bescheidenheit und Zurückhaltung liegt die allenthalben spürbare Würde der Insel und so vieler ihrer Bewohner. Wer ins Wohnhaus eines Hofes kommt wie dessen der Richardsens, den wird das von der Außenwelt abschottende Halbdunkel der dunkel getäfelten und von Vorhängen noch tiefer verdunkelten Stuben vielleicht wundern. Ändern kann er es nicht. Überall stand ich immer wieder in dunklen Dielen, Fluren oder Küchen herum. Die Stube erreichst du als Fremder nur selten. Eine Wanduhr tickt. Ein alter Hund schläft in einem Korb und träumt mit zuckenden Beinen von der Verfolgung eines Fuchses durch den Dschungel eines Rübenfeldes. Auf lauter Tischen Zeitungsstapel, Rezeptbücher, Treckerkalender, Rechnungsblöcke, Versandkataloge. Die bäuerliche Stille, jahrhundertealt und wohl für alle Zeit unveränderlich.

»Hallo?«

Lange muss man warten und immer wieder rufen.

»Hallo?«

Manchmal verging auf diese Weise eine Viertelstunde, in der ich in der Bauerndiele der Richardsens stand, die Gemäldeporträts und Fotografien der Vorfahren betrachtete, die entweder aussahen wie der alte Raulf, gedrungen und verschmitzt, oder wie sein Sohn Klaas, hager und verstockt.

Auf dem Feld, das Marko nachts gepflügt hatte, stand inzwischen ein Schweinemastbetrieb mit den Ausmaßen eines Eisstadions, den Klaas hatte dort hinsetzen lassen, sobald sich sein Vater aufs Altenteil zurückzog. Klaas hatte die Rapskönigin der Jahre 2002 und 2004 geheiratet, Jennifer I., die Tochter des reichsten Fehmarner Schweinezüchters. Einmal lehnte ich mit dem aufgedunsenen und vergrätzten Alten oben am Gatter der Pferdeweide, wir blickten über das frühere Feld, aus dessen Mitte die einstige Insel aus Sträuchern und Büschen getilgt war, und Raulf Richardsen erklärte mir mit zusammengekniffenen Augen, warum es solche undurchdringlichen Inseln auf den Äckern und Feldern zu allen Zeiten gegeben hatte, nämlich damit Tiere sich darin verstecken und damit der alte Bauer den Leichnam seines wild gewordenen Sohnes darin verscharren konnte.

»Hallo?«

Mit Glück klingelte dann das Dielentelefon, klingelte nicht nur, sondern schellte, so markerschütternd, dass ich zusammenzuckte. Klingeln, Schellen und Klingeln und Schellen. Dann ging eine der bis dahin unsichtbaren Türen in der Wand auf, die weiß Gott wohin führten, tief ins Herz des Hofes, und heraus kam Dörte oder Gesche, von dem Geschelle immer unterbrochen bei einer Tätigkeit, die es notwendig machte, sich die Hände an den Hosenbeinen abzuwischen.

»Hallo, Marko.«

Ich fand es schon immer seltsam, dass stets die neuesten Maschinen herumfuhren in dieser uralten Gegend, die modernsten Sämaschinen, Fräsen, Düngerstreuer, Frontlader, Rübenroder, Steinsammler, Spargelspinnen, Heuwender, Weidelüfter, Kalkstreuer. Die Moral der Städter konnte den Fehmarnern zu allen Zeiten gestohlen bleiben, ihre Landmaschinen und agrarwirtschaftlichen Geräte aber hatten, »wennschon, dann dennschon«, die effektivsten, produktivsten, ökonomischsten und ökologischsten zu sein. War das vor dem 30. April 1963 ebenso, als es noch keine Brücke gab, sondern statt des »Kleiderbügels«, wie man auf der Insel die Fehmarnsundbrücke nennt, die Fähre von Großenbrode nach Fehmarnsund?

»Hallo, Gesche.«

Mord und Totschlag, und das nicht zu knapp, hat es auf der Insel jedenfalls immer genauso gegeben wie überall in Deutschland, wo ja praktisch jeder Weiler und jeder Hof seine ganz eigene Geschichte der Wunden und Verletzungen hat.

Gesche Richardsen erzählte Marko einmal die inzwischen längst legendäre Geschichte mit dem abgetrennten Finger ihres Bruders. Klaas war nur ein paar Jahre älter gewesen als Marko, noch keine achtzehn, da hatte er zusammen mit dem Vater den defekten Mähdrescher zu reparieren versucht und sich beim Ausbau des schadhaften Messerbalkens den Ringfinger seiner linken Hand abgeschnitten. Gesche sagte, es sei ein Glück gewesen, dass der Finger glatt abgetrennt wurde, also an keiner Sehne, keinem Muskel mehr hing. Klaas hatte erzählt, der Finger habe einfach auf dem Boden gelegen, im Stroh, im Staub, im Dreck, wie im Film. Dann war Gesches Bruder schwarz vor Augen geworden. Aber ihrem Vater nicht. Ihr Vater war rückwärts unter der Einzugsschnecke hervorgekrochen, hatte den Jungen blutend auf dem Boden hocken gesehen, ihm mit dem Schnäuztuch den Fingerstumpf verbunden, mit seinem Gürtel den Arm abgeklemmt und hatte den Finger aufgehoben und ihn sich in den Mund gesteckt, damit er körperwarm blieb. Mit dem Finger im Mund hatte er den Daimler geholt; er hatte Klaas in den Wagen bugsiert und war mit ihm nach Burg ins Krankenhaus gedüst.

Marko war Klaas nie so nah gekommen, dass er sich dessen Hände hätte genauer ansehen können, doch als er einmal während der Mittagspause auf dem Feld neben ihm stand – Klaas mit einer alten Trainingshose, im Unterhemd, von Scheitel bis Stiefel bedeckt von Staub –, da sah er, dass der junge Richardsen den Ringfinger der linken Hand nicht knickte; egal, was er machte, immer stand der Finger steif ab. Und wo wahrscheinlich die Naht an dem Finger war, trug Klaas einen breiten goldenen Ring.

In meiner Erinnerung verbindet sich Klaas' Ringfinger sonderbarerweise mit dem Karlinas. Nur ein kurzer Moment ist dafür verantwortlich, den ich jedoch nie habe vergessen können. Eines Abends saßen wir Kinder im Licht der Dämmerung auf einem Strohwagen, auch ein größerer Junge, der Karlina seit Wochen nicht von der Seite wich. Er hieß fast wie Marko, sein Name war Markus, und er kam aus Duisburg, er war Anhänger der Zebras, wie er sagte, Anhänger des MSV, des Meidericher Spielvereins. Stipe wollte gesehen haben, wie Karlina sich von Markus hatte küssen lassen, auf den Mund und nicht kurz, aber keiner glaubte das. An diesem Abend umarmte Markus sie, als er auf dem Strohwagen hinter ihr stand, und weil es beinahe dunkel war, bin ich vielleicht der Einzige gewesen, der beobachtete, wie seine Hände über Karlinas Bauch hinaufwanderten, bis sie ihre Brüste umfassten. Sie unternahm nichts dagegen, sie ließ es geschehen. Erst als sie meine Blicke bemerkte, hob sie selbst eine Hand und steckte sich, ohne mich aus den Augen zu lassen, die Spitze ihres Ringfingers in den Mund.

3 Der Tod auf Fehmarn

John Donnes 17. Meditation ist so berühmt nicht nur wegen ihres Auftaktverses »Niemand ist eine Insel«, auch ihr Schluss wurde zum geflügelten Wort, als Ernest Hemingway den Titel eines seiner wichtigsten Romane Donnes Zeilen entlieh: »… und darum verlange nie zu wissen, wem die Stunde schlägt – sie schlägt dir.«

Auf Fehmarn hat so manchem sein Stündlein geschlagen, der gar nicht wissen wollte, wer an der Reihe war, und wohl auch nie auf den Gedanken gekommen wäre, dass seine Mitmenschen alles daransetzten, ausgerechnet ihm – oder ihr – den Garaus zu machen. Allein zu Beginn des 17. Jahrhunderts – also zu der Zeit, als in England John Donne lebte – wurden über hundert Fehmarnerinnen und Fehmarner wegen angeblicher Hexerei verurteilt und auf dem Scheiterhaufen hingerichtet, die meisten auf dem sogenannten Blutplatz in den Burger St.-Jürgen-Gärten vor der gleichnamigen Kapelle. Wo seinerzeit verfemte Frauen, Homosexuelle und Selbstmörder »mit dem feur von Leben zu todte gebracht« wurden, steht heute eine Wohnsiedlung. Totschläger, Vergewaltiger, Diebe und anderes »Gesündel« brachte man auf einer berüchtigten kleinen Anhöhe an der Straße von Pethaersthorp nach Daenischenthorp oder, wie man heute sagt, zwischen Petersdorf und Dänschendorf um. Gehenkt wurde auf dem dortigen Galgenberg allerdings lediglich in Ausnahmefällen, der Galgen stand nur zur Abschreckung auf dem kaum mannshohen Köppel- oder Köppenbarg, wie die Fehmarner liebevoll ihren alten Exekutionsplatz nennen. In jedem Jahr wurden dort in dem Pappelwäldchen, das heute ein Ausflugsziel auf der beliebten Route »Das Geheimnis der Steine – Abenteuer Ostholstein« ist, drei unliebsame Fruunslüüd verbrannt, eher selten auch mal ein Mühlenknecht oder Kuttermatrose, der anscheinend zur Hexe geworden, weil der Teufel in ihn gefahren war.

Auf dem Burger Binnensee bei Burgtiefe, dem seit den Siebzigerjahren selbst ernannten Fehmarner Tourismuszentrum auf der östlichen der beiden Landzungen im Süden, wird heute im Schatten der einzigen Hochhäuser der Insel auf Teufel komm raus gesegelt, gekitet und gesurft. Über Jahrzehnte, wenn nicht Jahrhunderte hinweg wurde dort früher die sogenannte Wasserprobe durchgeführt, deren grausame Perfidie an die auf Erlass durch US-Präsident George W. Bush praktizierte CIA-Praxis des Waterboarding erinnert, eine Foltermethode, bei der das Opfer kopfunter auf ein Kippbrett geschnallt wird, woraufhin ihm seine Peiniger ein Tuch über den Mund legen und sein Gesicht so lange mit Wasser übergießen, bis die Angst vor dem Ertrinken Todespanik auslöst. »Waterboarding ist unsere Art, Terroristen zu taufen«, sagte 2014 die frühere Gouverneurin von Alaska, Sarah Palin, in einer Rede und machte damit deutlich, dass wie vor vierhundert Jahren auch im 21. Jahrhundert der brutalste Fanatismus unter einem vorgeblich christlichen Deckmantel wütet.

Im Verlauf einer Wasserprobe bekam ein Mensch, der bezichtigt wurde, mit dem Teufel im Bunde zu sein, die Hände über Kreuz an die Füße gebunden, ehe man ihn aufs Wasser hinausruderte und über Bord warf. Wenn er unterging, galt seine Unschuld als erwiesen, dann war er allerdings tot, es sei denn, man zog ihn schnell genug aus der kalten Ostsee. Blieb er jedoch an der Oberfläche, so hielt ihn die Fehmarner Provinzinquisition für überführt und reif für den Folterknecht und den Scheiterhaufen in den St.-Jürgen-Gärten. In allen Quellen, die von der Praxis der Wasserprobe berichten, wird darauf hingewiesen, dass die so ausgeklügelt Gefesselten und zusammengekrümmt in den Fehmarnsund Geworfenen meist öl- oder trangetränkte Wollsachen trugen und daher in der Regel nicht untergingen.

Auf dem Köppelbarg bei Petersdorf wurde zuletzt »der streunende Arbeitsmann« Claus Hinrik Bohnensack enthauptet, den man überführt hatte, aus Habgier den Kirchspielrichter Paul Wohler mit einem Häckselmesser erstochen zu haben. Diese letzte Hinrichtung auf Fehmarn fand 1854 statt, im zweiten Jahr des Krimkriegs und dem der Erfindung des Telefons, außerdem war es das Jahr, in dem der Dreimastdampfsegler *City of Glasgow* spurlos im Atlantik verschwand. An Bord des von Liverpool nach Philadelphia segelnden Linienschiffs waren 481 Menschen, zumeist Auswanderer, von denen man nie auch nur ein Taschentuch oder einen Koffergriff wiederfand. Daran dachte Marko, als er mit seinen Eltern und seinen beiden Brüdern – Endre war gerade zwei geworden – das Burger Fehmarn-Museum besuchte und auf einer Schautafel vom Galgenberg und von dessen langer Hinrichtungstradition die Jahreszahl 1854 las. Was, fragte er sich, wenn Claus Hinrik Bohnensack, statt zu morden, nach Amerika ausgewandert wäre? Marko stellte sich Bohnensack vor, und er malte sich aus, wie es wäre, ein Nachfahre von ihm zu sein, Marko Bohnensack, der auf einer Europareise Fehmarn besuchte, weil hier sein Ururgroßvater aufgewachsen war.

Auf die in Wirklichkeit letzte Exekution auf Fehmarn findet sich im Heimatmuseum von Burg kein Hinweis, wohl deshalb, weil der vermeintliche Delinquent Zwangsarbeiter war und deshalb seine Tötung die Ermordung eines Hilflosen, die man lieber geflissentlich unter das Stoppelfeld der Inselgeschichte pflügt. 1942 wurde dem von Polen nach Ostholstein verschleppten František Włodarczyk vorgeworfen, er stehe in intimem Kontakt mit einer Einheimischen, noch dazu einer Bäuerin. Für den von angeblichen Zeugen behaupteten Verstoß gegen die NS-Rassegesetze wurde František Włodarczyk auf Fehmarn der Prozess gemacht, was keine zehn Minuten dauerte. Standrechtlich zum Tode verurteilt, wurde er nach einigen Tagen Haft an einen Strand verbracht, man errichtete einen Behelfsgalgen, ein Schullehrer verpflichtete seine Klasse dazu, bei der Liquidierung des Untermenschen Präsenz zu zeigen, und dann knüpften sie ihn auf, die Fehmaraner, František Włodarczyk, der sich, wenn es denn stimmt, auf Fehmarn verliebt hatte. Eine Zeit lang ruhten František Włodarczyks sterbliche Überreste auf dem Petersdorfer Friedhof, im Schatten des höchsten Inselturms, des »Peterstorn«. Inzwischen aber ist ebenso wie die NS-Aktennotiz und die angeblichen Zeugenaussagen auch das Grab verschwunden, als hätte es nie existiert.

»Jedes Menschen Tod verringert mich, denn ich bin Teil der Menschheit«, hätte auf dem Grabstein stehen können, dem Leichenstein oder »Liekensteen«, wie man auf der Insel sagt, doch dieser Satz aus John Donnes 17. Meditation stand dort mit an Sicherheit grenzender Wahrscheinlichkeit ebenso wenig wie der Grabspruch, mit dem der volkstümelnd-völkische Heimatforscher und Heimatmuseumsbegründer Peter Wiepert seine Schrift über alte Fehmarner Sitten und Gebräuche, *Von der Wiege bis zur Bahre*, beschließt: »Hier hett een Fehmaraner Jungn / sin bliewen Sted und Heimat funn.«

Denn auf Fehmarn gefunden hat František Włodarczyk weder Mitgefühl noch eine Bleibe, sondern einzig unterwürfige Herzenskälte und gewaltsamen Tod.

Einmal, Stipe war vielleicht zwölf, höchstens dreizehn, da setzte er alles auf eine Karte und fuhr mit dem elterlichen Auto genauso auf und davon, wie er es ein paar Jahre zuvor mit Dörte oder Gesche Richardsens Fahrrad gemacht hatte. Er sagte niemandem Bescheid, nahm sich einfach den Schlüssel und fuhr los, ohne Führerschein und ohne Ziel, nur mit einem Kissen unter dem Po, weil er ansonsten nicht zur Windschutzscheibe hätte hinaussehen können. Er meinte später, als schon alles vorbei war, er habe schlicht das getan, was eine innere Stimme ihm vorsagte, ganz wie in der Schule. Nimm dir das Auto deiner Eltern. Fahr einfach los, Stipe, auch wenn du erst zwölf bist oder dreizehn. Finde die Brücke, die man den Kleiderbügel nennt. Fahr über die Brücke! Auf dem Festland sind die Straßen endlos, Stipe. Es wird dir nichts passieren, solange du fährst.

Das von Stipe entwendete Auto war nicht die Katze. Inzwischen besaßen Markos, Stipes und Endres Eltern einen weißen Ford Granada Turnier, war der Kartoffelchipswagenfahrer doch zum Pächter eines kleinen Supermarktes in einem Pendlerdorf an der Hamburger Stadtgrenze aufgestiegen. Brotlieferwagen und Kartoffelchipslaster hielten vor seinem Geschäft. Marko und Stipe waren für das Pfandglas zuständig, das in der Garage in Kisten gestapelt wurde, wie im Sommer auf Fehmarn die Strohballen. Denn nicht nur Brot und Knabberkram wurden in dem Laden angeboten, sondern alles Mögliche. Um das zu beschaffen, brauchte der Minisupermarktleiter ein sehr großes Auto.

An einem heißen Tag Anfang August fuhr Marko im Wechsel mit zwei anderen größeren Jungs den Fendt, damit die neue Dreschmaschine zum Einsatz kam. Die Erwachsenen waren mit den Kleineren nach Orth gefahren, von wo sie auf einen Kuttertörn gingen, und die älteren Kinder, die im Dorf geblieben waren, hatten sich aufgeteilt, einige halfen auf dem Hof, wo gegen Ende des Sommers vieles einen neuen Anstrich bekam, andere gingen der Bäuerin zur Hand, die ein Erntefest vorbereitete, und der Rest war mit dem Alten und Klaas auf dem letzten Feld, das noch gemäht werden musste, bevor die für die folgende Woche – die letzte der Ferien – angekündigten Unwetter die Getreideernte unmöglich machten. Es war das Feld, das Marko nachts mit dem alten Richardsen gepflügt hatte. Mehrere Sommer war das schon her.

Vom Traktor aus hatte er mit einem Mal das weiße Fordschiff seiner Eltern vorbeisegeln sehen, was aber gar nicht sein konnte, waren sie doch mit dem kleinen Endre, mit Freunden und mit Onkel Chris und Tante Gundi an die Südwestküste gefahren. Daher vergaß Marko wieder, was er gesehen hatte oder glaubte gesehen zu haben, und es fiel ihm erst wieder ein, als am frühen Abend das Licht schon ganz golden über dem Stoppelfeld stand. Denn da kam auf einmal seine Mutter über das Feld gelaufen, allein, wie eine Erscheinung.

Sie ging forschen Schrittes, zielstrebig auf Marko zu, eine dunkelblaue Sommerbluse trug sie und hellblaue Jeans, noch nicht mal Mitte dreißig war sie und hatte drei Söhne, es gibt einen Super-8-Schmalfilm aus dieser Zeit, den ich einmal zu Gesicht bekam, darauf sieht man sie eine Kinderkarre mit ihrem Jüngsten – Endre, der auf einem Stoffflickenmann kaut – um den Burger Stadtteich herumschieben, stoisch, sichtlich nicht sehr guter Stimmung, doch willens, durchaus willens, diesen tagtäglichen Zwangsspaziergang, bei dem sie obendrein gefilmt wurde, zu einem glimpflichen Ende zu bringen, so wie sie wenig später auch ihre zweite Ehe mit demselben Mann zu einem glimpflichen oder fast glimpflichen Ende bringen sollte.

Aber davon konnte ihr Ältester natürlich nichts ahnen, als er sie zu seiner Verblüffung da so heranschreiten sah. Vier oder fünf Sommer hatte er auf Richardsens Feldern, mit Richardsens Tieren und Richardsens Maschinen und Geräten verbracht, und soweit Marko sich erinnerte, war seine Mutter nie dabei gewesen, geschweige denn zu Fuß zu einem der Felder zwischen Hinrichsdorf und Bannesdorf oder Hinrichsdorf und Bisdorf gekommen.

Jetzt aber tat sie genau das, und eine Erscheinung, nein, war sie nicht.

Sie winkte ihn zu sich, und in dem Lärm des Treckers und der Dreschmaschine sah Marko, als er von dem Anhänger kletterte und zu seiner Mutter ging, dass ihr Tränen übers Gesicht liefen. Weshalb sie weinte, blieb zunächst unverständlich. War es aus Angst um Stipe, der, wie es schien, seit Stunden verschwunden war, oder aus Zorn auf Stipe, der, wie es außerdem schien, die Schlüssel des Ford und dann auch den Ford selbst entwendet hatte.

Wahrscheinlich war es beides: Angst und Wut zugleich. Aber als Marko das schließlich begriff – Erwachsene waren Inseln, die Brücken zu ihnen brüchig und schmal –, da hatte seine Mutter schon eine sehr strenge Miene aufgesetzt.

»Seit wann kann dein Bruder denn Auto fahren?«

Und Marko antwortete: »Kann er das?«

Und seine Mutter sagte: »Scheint ja wohl so! Im Nachbardorf haben ihn Leute gesehen. Hast du ihn auch gesehen?«

Stipe konnte seit vorigem Sommer Traktor fahren. Von einem Fendt zu einem Ford war es kein weiter Sprung, aber seine Mutter darauf aufmerksam zu machen, wäre Marko nie eingefallen.

Nein, es war klüger, nicht die Wahrheit zu sagen. Nein, nichts hatte er gesehen ... Wohin Stipe wollte, nein, wusste er nicht, auch wenn Marko zumindest davon eine genaue Vorstellung hatte – weg, Stipe wollte einfach bloß weg. Dass er diesen unbändigen Wunsch in die Tat umsetzte, wie so vieles fing auch das auf Fehmarn an. Noch viele Jahre lang sollte Stipe wegrennen, ehe die Zeit begann, in der er nur wegfuhr, nur verreiste. Wollte er je irgendwo ankommen?

Er rannte noch immer schnell wie der Wind. Aufgegriffen und eingefangen wurde Markos Bruder erst am Abend, und das auch nur, weil Stipe vor lauter Verzweiflung ein schwerer Denkfehler unterlief. Er war mit dem Ford auf den schmalen Straßen zwischen den Feldern nach Bisdorf gefahren, dann weiter nach Landkirchen, durch Landkirchen durch und bei Blieschendorf auf die E 47, die in südlicher Richtung auf die Fehmarnsundbrücke und in nördlicher nach Puttgarden und geradewegs auf die Fähre nach Lolland in Dänemark führt. Stipe hatte nichts falsch gemacht, er hatte lediglich auf seine innere Stimme gehört, die aber musste ihm etwas Falsches vorgesagt haben, denn statt nach Süden war er auf der mitten über die Insel führenden Schnellstraße nach Norden gefahren, und als ihm das klar wurde – denn die Brücke kam und kam nicht in Sicht –, da war es schon zu spät gewesen. Ohne dass er es hätte ändern können, befand er sich mit einem Mal im Stau der auf die Fähre *Theodor Heuss* wartenden Sattelschlepper, Wohnmobile und Autos, vor sich, hinter sich und neben sich skandinavische Urlauber, die nach Haus wollten und sich wunderten über den verblüffend jungen Fahrer am Steuer des weißen Ford Kombi mit dem Ratzeburger Kennzeichen.

Stipe war weggelaufen, aber er war zum Glück eingefangen worden, denn auch der am Fährterminal diensthabende Polizeibeamte konnte schnell rennen. Stipe weinte und fluchte, doch der nette Polizist, der, wie sich herausstellte, in Altjellingsdorf daheim war und daher das nahe Hinrichsdorf gut kannte, brachte nicht aus ihm heraus, wieso. Mit dem Granada fuhr er den auf sich selbst zornig wirkenden Jungen nach Haus, er sprach mit dem Vater, der außer sich war und nicht aufhörte, seinem Unmut Luft zu machen, weshalb der Polizist es für besser hielt, auf die Mutter zu warten, die kurz darauf mit dem Bruder des Ausreißers zu Fuß zum Hof zurückkam und ihren am ganzen Körper zitternden Sohn erst einmal in die Arme schloss.

»Mir aus den Augen!«, brüllte der Vater immer wieder über Richardsens Hof. »Mir aus den Augen!« – als wäre es besser gewesen, wenn Stipe mit seinem Ausbruchversuch Erfolg gehabt hätte. »Mir aus den Augen!« – als hätte alles ringsum, der

Hof, das Wohnhaus, die Scheune, alle Mauern und das ganze Schweigen, die Augen des weiß Gott weswegen derart wutentbrannten Familienvaters.

Warum Stipe so verzweifelt war, erzählte er niemandem, nicht seiner Mutter, nicht mal der Großmutter und schon gar nicht dem in seinem Gebrüll vor sich hin tobenden Vater, dessen verhasste Pranke auf das Autodach drosch, gegen das Scheunentor und gegen die Hauswand. Mir, seinem Bruder, nicht, keinem vertraute Stipe sich an außer dem Menschen, den er auf Fehmarn am liebsten hatte. Er erzählte den Grund seiner Verstörtheit nur Karlina.

Wie sehr wir alle sie bewunderten, dürfte Karlina nie begriffen haben. Hätte sie sonst jedem, den sie damit beeindrucken konnte, ohne mit der Wimper zu zucken, weitererzählt, was Stipe ihr verriet?

So erfuhr das ganze Dorf, die ganze Insel, und so erfuhr auch ich, dass Stipe am Tag zuvor mit dem Fendt einen jungen Fuchs überfahren hatte. Wie konnte das passieren? Ich sehe das Feld vor mir, ich erkenne den Knick aus Haselsträuchern, Kopfweiden und Schlehenbüschen wieder, ich weiß, dort waren in all den Jahren immer frischen Fuchsspuren.

Ob Karlina noch weiß, was Stipe ihr anvertraute, aufgelöst, wie er war, an einem Sommerabend vor fünfunddreißig Jahren? Wer erinnert sich überhaupt an ihn, und wer an Marko, Markus und Karlina und wie sie alle hießen, die Sommerinselkinder? Sie kamen jeden Juli – und sie kommen noch immer –, sie blieben bis Mitte August – und so lange bleiben sie noch heute, auch wenn sie längst, wie ich, selbst erwachsen sind und eigene Kinder haben.

Aber das ändert nichts daran, dass sich an sie auf Fehmarn so gut wie niemand erinnert. Und wer will das auch verlangen von den Fehmarnern, die seit Jahrzehnten, wenn nicht schon seit mehr als hundert Jahren besucht, belagert und bestaunt werden von sonnenhungrigen, erholungsbedürftigen Städtern und deren im Licht, in der Weite und Ruhe plötzlich aufblühenden und so erstaunlich lebendigen Kindern? Auf dem »Knus«, dem Knust, wie die Einheimischen ihre Insel nennen, wird kein brotkantengroßes Stück Acker zwischen Püttsee und Sulsdorf vergessen, jeder Berberitzenknick ist hier bekannt und im Gedächtniskataster kartografiert, kein Strandabschnitt ohne Geschichte, kein Nehrungshaken namenlos. Wulfener Hals. Grüner Brink. Burgtiefe. Krummsteert. Früher hat man eingedeicht, heute ist die Insel ohnehin schon groß genug. In jedem Ort, jedem aus zwei Höfen und zwei Scheunen bestehenden Weiler gibt es eine Straße mit Namen Achter de Höff oder Achter de Höben, denn Plattdialekte gibt es einige auf Fehmarn.

Im Grunde könnte jede Straße auf der Insel Hinter den Höfen heißen. Man kennt sich. Man kennt einander seit Generationen. Man hilft aus, man steht sich bei, aber man vergisst auch nicht, was man getan hat für den Nachbarn und was der einem deshalb schuldig ist. So muss es wohl sein auf einer Insel, die viel durchgemacht hat, dabei aber immer eigen blieb, ob sie nun dänisch war oder preußisch, holsteinisch, deutsch oder europäisch. Wie eine von langer Plackerei schwielige Hand, die sich wärmt und streckt in der Sonne, erscheint mir Fehmarn, sobald ich über die Brücke komme und im Osten den Turm von St. Nikolai in Burg und im Westen den von St. Johannis in Petersdorf sehe. Seltsames Fehmarngefühl, das mich schon so viele Jahre begleitet und sich nie geändert hat! Wie kaputt und angegriffen man sich auch fühlt, die Insel, ihre Stille, ihre Bescheidenheit und Überschaubarkeit scheint einen jung zu erhalten, und wenigstens darin kann ich selbst einem wie Peter Wiepert vorübergehend zustimmen: »Un is man noch so twei un wund – de Heimat mak een weller jung.« Für mich heißt das: Die Erinnerungen bleiben, sie sind Inseln in der verschwimmenden Zeit.

Twei un wund, zerbrochen und verletzt, bestimmt fühlte sich so auch Stipe, nur hatte er nichts oder kaum etwas, was ihm hätte Halt geben können. Er war ein ungestümes Kind, ein Freigeist, ein Fehmaraner Jung wollte er anders als Marko nie sein.

»Der Fuchs lag einfach da«, sagte er plötzlich, vielleicht drei, vier Tage später. »Zwischen den Stoppeln auf dem Stoppelfeld lag er da, und er sah sehr schön aus, nicht rot und nicht gelb, eher golden, mit großen Ohren, die am Rand schwarz waren, einem weißen Bart und langem dunklen Schwanz. Seine Augen standen offen. Aber es sah aus, als guckte er nicht mehr in die Welt, sondern ...«

»Sondern?«

»... sondern in den Tod rein.«

»Und du, was hast du dann gemacht?«

Nur einen Satz sagte er: »Nichts sollte tot sein.«

Stipe konnte nicht darüber reden.

Aber er versuchte es zu zeigen. Er legte sich in dem Mansardenzimmer der Richardsens auf sein Bett, lag auf der Seite und zog die Knie an, und dann stopfte er sich vor dem Bauch sein Kopfkissen zurecht, bis es einen Halbkreis bildete. So blieb er liegen, vor sich das Kissen, das ein toter junger Fuchs war.

An diesem Nachmittag, als Markos Bruder sich selbst von der Insel schaffen wollte und nur bis Puttgarden kam, hatte ihr Vater die Fassung nicht etwa aus Angst verloren, einer seiner Söhne könnte weggelaufen oder -gefahren sein und sich damit in Gefahr gebracht haben. Fünf Jahre, fünf Fehmarner Sommer hatte es gedauert, bis Marko und Stipe an diesem linden Hinrichsdorfer Augustabend klar wurde, dass sie beide ihrem Vater gleichgültig waren – ganz so, wie die ganze Insel, ihre Bewohner und ihre Geschichte ihm gleichgültig waren. Wie man dastand, wie die Familie und man selber dastanden vor den Leuten, das und nur das zählte für ihn. Seine Söhne waren ihm nicht wichtig.

Wichtig war, dass er Söhne hatte und dass etwas aus ihnen wurde, nicht um ihrer selbst willen, sondern damit er sagen konnte, dass er Söhne hatte, aus denen etwas geworden war. Wieso eigentlich musste etwas aus ihnen werden, fragten sich Stipe und Marko. Waren sie denn nichts?

Die Tyrannenlaune ihres Vaters an diesem Tag rührte in Wahrheit daher, dass ihm während des nachmittäglichen Kuttertörns eine auf dem Boot angemietete Hochseeangel ins Meer gefallen war. Sein Bruder Chris, dessen Frau Gundi, sein Freund Golo, dessen Frau die Svea und auch seine eigene Frau, alle hatten sie ihn zu trösten und aufzuheitern versucht und mit an Bord ausgeschenktem Aquavit auf ihn angestoßen.

»Auf den berühmtesten Fehmarnsund-Angler!«

»Jetzt allerdings um 300 Mark ärmer!«

»Und wennschon! Und wennschon!«

»Dafür um eine Hochsee-Erfahrung reicher!«

»Los, zu den Fischen! Werft ihn über Bord!«

»So wie er die Angel! Ja, wie er die Angel!«

»Wat mutt, dat mutt! Heiho! Heiho!«

Die Frauen stimmten den Sommerschlager an, ihr »Fehmarnlied«:

»Knowing me, knowing you (a-ha ...)
There is nothing we can do,
Knowing me, knowing you (a-ha ...) ...«

Auch die zugleich merkwürdigste und im Nachhinein erschütterndste Erinnerung an die ersten Sommer auf Fehmarn, die Sommer von Markos endender Kindheit und beginnender Jugend in der zweiten Hälfte der Siebziger, hängt mit diesem so beschwingenden wie traurigen Hit von ABBA zusammen und damit, wie die zum »Trupp« gehörenden Frauen ihn summten oder sangen, sobald sie, wie die Männer sagten, »angeschickert« waren.

»In these old familiar rooms
Children would play,
Now there's only emptiness,
Nothing to say,
Knowing me, knowing you (a-ha ...) ...«, sangen Markos Mutter, seine Tante Gundi und die Svea unter einer Pergola im Garten eines Hauses namens »Das Gehege«, in dem Onkel Chris und Tante Gundi eine Ferienwohnung gemietet hatten. Der auffällige, an eine Hazienda erinnernde Ferienhof »Das Gehege« in Todendorf war bis zu ihrem Tod 1985 Eigentum von Lina Manninen, der Witwe des 1969 gestorbenen finnischen Dichters, Malers und Theaterdirektors Mauno Manninen. Lina Manninen stammte aus Avendorf auf Fehmarn, ihr Mädchenname war von Osten. Einschlägig bekannt und berüchtigt ist sie jedoch aufgrund ihrer ersten Ehe mit Reinhard Heydrich, der in der Zeit der nationalsozialistischen Terrorherrschaft Leiter des Reichssicherheitshauptamts und stellvertretender »Reichsprotektor von Böhmen und Mähren« war, im Rang eines SS-Obergruppenführers und Generals der Polizei, bis er 1942 bei Prag durch das Attentat eines exiltschechischen Fallschirmspringerkommandos getötet wurde. 1941 wurde Heydrich von Hermann Göring mit der sogenannten »Endlösung der Judenfrage« beauftragt und war seither maßgeblicher Organisator des Holocaust. Im Januar 1942 leitete er die Berliner Wannsee-Konferenz, Protokollant war Adolf Eichmann, Heydrichs »Referent für Judenangelegenheiten«.

In der Figur der Lina Heydrich zeigt der Tod auf Fehmarn sein abscheulichstes Gesicht. Erbarmungslosigkeit, Hohn, Arroganz, Zynismus, Eigennutz und Menschenverachtung sind nur einige und bloß die geringsten Schwächen und Vergehen, die Lina Manninen bis zu ihrem Tod idealisierte. Zu keiner Zeit hat sie in den vierzig Jahren, die sie nach dem Zusammenbruch Hitlerdeutschlands noch lebte, ein Wort der Entschuldigung oder nur

Anteilnahme gefunden, weder für die von den Schergen ihres Ehemannes geknechteten Tschechen und Zwangsarbeiter noch für die Hinterbliebenen der zahllosen Kinder, Frauen und Männer, die der Barbarei Heydrichs und seiner Helfer und Helfershelfer zum Opfer fielen. Als die böhmischen Ortschaften Lidice und Ležáky aus Vergeltung für die Tötung Reinhard Heydrichs gesprengt, geschleift und alle Einwohner zusammengetrieben und erschossen oder verschleppt wurden, war Lina Heydrich Anfang dreißig, dreifache Mutter, im achten Monat schwanger und Witwe. Für die unschuldigen Racheopfer von Lidice hatte sie kein Mitgefühl. Sieben Schwangere ließ man entbinden, ehe sie ins Konzentrationslager Ravensbrück deportiert wurden. Lina Heydrich lebte mit ihren Kindern bis 1945 weiterhin auf Schloss Panenské Břežany bei Prag, das sie erst kurz vor dem Eintreffen der Roten Armee und auf persönlichen Rat Heinrich Himmlers verließ. Ihr unterstellte jüdische Zwangsarbeiter behandelte sie, heißt es, »schlecht«. Zeugen sagten aus, dass sie »Faulpelze« von SS-Wachen auspeitschen ließ. Wer ihr nicht gebührend respektvoll gegenübertrat, sei von ihr bespuckt oder geschlagen worden. Alle jüdischen Zwangsarbeiter auf Schloss »Jungfern Breschan« wurden 1944 in Vernichtungslager deportiert und durch »Nichtjuden« ersetzt.

Während Markos Familie auf Fehmarn Urlaub machte, korrigierte Lina Manninen im »Gehege« die Fahnen ihrer Memoiren, die 1976 unter dem bestenfalls zynischen Titel *Leben mit einem Kriegsverbrecher* erschienen. Ich erinnere mich: Im Garten ihres Todendorfer Ferienhofes wirkte die alte, ganz in Grau gekleidete Frau mit den silbernen Haaren auf Marko auf eine leise Art bestimmt und beherrscht. Vor Stipe und Karlina und ihm legte sie einige Male den Zeigefinger auf die Lippen: »Na! Nicht so laut, Kinder.« Freundlich und nett wies sie die angeheiterten Erwachsenen auf die an der Wand hängende Totenbüste ihres Reinhard hin. Alte Freunde aus besseren Zeiten, sagte sie, kämen sie des Öfteren besuchen, das sei neben der Erinnerung die einzige Freude, die man ihr gelassen habe. Sie tat Marko leid, wie ein Schatten außerhalb des Schattenreichs kam sie ihm vor, wie aus Staub gemacht, wie tot und von ihren lieben Toten nicht abgeholt, vergessen in ihrem Todendorfer Gehege. Barfuß, ohne Schuhe würde sie zurückgehen in die glückliche Zeit mit ihrem Mann, sagt sie in einem auf Fehmarn geführten Interview, das noch heute durchs Internet geistert und ein fassungslos machendes Beispiel für die Verharmlosungsanfälligkeit des gesprochenen Wortes ist. Doch blitzt sie noch in diesem Clip aus der Faschistengeriatrie ab und an auf, die nie ganz zu verhehlende Gewaltlust der alten Nazieinpeitscherin, die gern auch ihrem Massenmördergatten mit den auf Hochglanz gewichsten Herrenreiterstiefeln und dem langen, immer irgendwie tumb in die Welt äugenden Gesicht welche draufgab, wenn er nicht spurte.

Auf Fehmarn wird über die Insel während der NS-Zeit nicht gern geredet. Nach einem Besuch im Burger Heimatmuseum könnte man meinen, Fehmarn wäre nicht Teil des »Großdeutschen Reichs«, sondern – ein Wunder, aber wahr – ein eigenes, neutrales Land gewesen, ein kleines Inselschweden. Himmlers Eintrag im Goldenen Buch von Burg ist verschwunden, die Seite säuberlich herausgetrennt. Und wenn man einen Spaziergang unternimmt vor die Tore der Stadt, hinaus auf die freien Felder Richtung Westen, Richtung Brücke, dann kommt man auf der pittoresk dem Sund sich entgegenschlängelnden Landstraße nach Blieschendorf an einem Gedenkstein vorbei, der neben einer windschiefen Birke auf einem zwei mal zwei Meter großen, von einer niedrigen Hecke umsäumten Stück Feldrandgrün steht und auf dem zu lesen ist: »Jüdischer Friedhof«. Und lange muss man herumfragen, bis sich herausstellt, dass dort an der heutigen Sundchaussee der frühere jüdische Friedhof lag, der aber 1879 eingeebnet wurde, nachdem der letzte Fehmarner Jude die Insel verlassen hatte, ob freiwillig oder nicht.

Ich wies eine freundliche Dame von der Fehmarner Stadtverwaltung in Burg darauf hin, dass das Judentum auf der Unantastbarkeit der Gräber bestehe. Ein Friedhof gilt als dauerhafte Heimat der Toten. Müsse ein jüdischer Friedhof aus welchen Gründen auch immer geschlossen werden, verliere er dadurch keineswegs seine Aufgabe, den Verstorbenen ein Zuhause zu bieten, sagte ich. Seine religiöse Bedeutung sei größer als die einer Synagoge. Ein geschlossener Friedhof sei nach jüdischem Glauben zu keiner Zeit ein ehemaliger Friedhof.

Das habe sie nicht gewusst, aber jetzt wisse sie es ja, sagte die Frau von der Fehmarner Stadtverwaltung sehr freundlich. Allerdings könne sie den seit fast hundertfünfzig Jahren verschwundenen Friedhof nicht hoppladihopp wieder herbeizaubern.

»Wissen Sie, dass Heinrich Himmler Ehrenbürger von Burg auf Fehmarn war?«, fragte ich.

Nein, wisse sie nicht. »Wie furchtbar.«

»Er hat im Juni 1935 vom Balkon dieses Hauses eine Ansprache gehalten«, sagte ich.

»In diesem Haus, meinen Sie, da drüben, von unserem Balkon?«

»Im Beisein Reinhard Heydrichs, der ja in Burgtiefe ein Sommerhaus hatte. Zur Sonnenwende 1935 feierte man Richtfest, und zu diesem Anlass kam der Reichsführer SS auf die Insel, hoppladihopp. Eine Standarte der Reiter-SS begleitete ihn mit großem Getrappel zum Gedenkakt am Niobe-Denkmal. Und wie ein Pimpfenkomet hatte er einen Schweif aus lauter Fehmarner Kindern.«

»Im Heimatmuseum von Peter Wiepert, unserem Fehmaraner Inselchronisten, dürfte das alles dokumentiert sein«, sagte die Dame und lächelte freundlich.

»Leider nicht«, gab ich freundlich zurück. »Was auch kein Wunder ist, Ihr Chronist Peter Wiepert verwaltete ja in Heydrichs Auftrag auf dem Katharinenhof die SS-Stiftung Nordhav.«

»In unserem Katharinenhof auf Fehmarn? Nein.«

»Doch. Offiziell diente sie dem Bau von SS-Erholungsheimen. Eigentlich ging es Heydrich aber um Immobilien, übrigens kam er so auch an die Villa der Wannsee-Konferenz.«

»Ja, abscheuliche Zeiten.«

»Abscheuliche Leute zumindest. Kannten Sie Lina Heydrich?«

»Woher denn! Woher hätte ich so jemanden kennen können?«

Ich erinnerte sie daran, dass Peter Wiepert der Cousin von Heydrichs Frau war. Und dass die Heydrich-Witwe nach Kriegsende immerhin vierzig Jahre lang auf der Insel lebte. Sie zog zunächst in ihr Sommerhaus in Burgtiefe, am Südstrand, und betrieb dort ein Restaurant mit Pension, das Imbria Parva, das reetgedeckt war und deshalb bei Schweißarbeiten 1969 in Brand geriet und zerstört wurde.

»Imbria Parva ...«, sagte die geduldige Angestellte. »Da klingelt was.«

»Ein germanisches Naziwortspiel«, sagte ich. »Klein-Kimbrien wurde Ihre Insel im Mittelalter genannt. Im Imbria Parva von Lina Heydrich in Burgtiefe trafen sich übrigens nicht selten ehemalige SS-Kameraden ihres Mannes zu Wiedersehensfeiern.«

»Ach? Furchtbar. Und das Gebäude gibt es nicht mehr?«

»Nope. Abgerissen. Ein Hotel wurde stattdessen in die Dünen gebaut, und dessen Nachfolgebau beherbergt heute ein schickes Strandhotel, mit Restaurant und Lounge, aber ohne Hinweisschild. Na, wieso auch hinweisen auf lange vergangene Sonnenwendfeiern, Fehmarner Trachtenreigen, Himmler in Badehose und so.«

Ein wenig plauderten wir noch über Claus Lafrenz.

»Burger Bürgermeister von 1931 bis 33.«

»Er war ehemaliger U-Boot-Korvettenkapitän«, sagte ich, »und er weigerte sich, die Hakenkreuzfahne am Rathaus hissen zu lassen, da sie für ihn ein Parteiabzeichen und keine Staatsflagge war.«

Auf ihn könne die Insel stolz sein, sagte die Stadtverwaltungsangestellte.

Und ich sagte, dass Lafrenz wenig später aus dem Amt gedrängt wurde und sich kurz nach Ablauf seiner ursprünglichen Bürgermeisterzeit das Leben nahm, im Ostersoll, einem Wäldchen bei Burg, das sein Vater, der auch Bürgermeister gewesen war, hatte anpflanzen lassen.

»Ich kenne das Ostersoll«, sagte die Dame. »Manchmal gehe ich da spazieren. Wo heute die Siedlung ist, fand man früher im Herbst schöne Maronen, auch Steinpilze, wenn man Glück hatte, und jede Menge Heilkräuter.«

Sie müsse allmählich wieder an die Arbeit gehen. Es gebe viele Anfragen, viele Anträge. Ob auch ich vielleicht einen Antrag stellen wolle, etwa auf ein Hinweisschild am Gedenkstein des ehemaligen jüdischen Friedhofs? Jede Eingabe sei möglich, der Ausgang allerdings ungewiss.

Nachdem ihr Antrag auf Witwenrente zunächst abgelehnt worden war, prozessierte Lina Heydrich von 1956 bis 59 erfolgreich gegen die Bundesrepublik und erhielt daraufhin rückwirkend von 1950 bis zu ihrem Tod die Rente der Witwe eines »im Felde gefallenen« Polizeigenerals. Die an sie ausgezahlte Geldsumme ermöglichte nach dem Brand der Burgtiefer Strandpension zwar nicht den Kauf eines ähnlich lukrativen Gasthofs, immerhin aber konnte Lina Manninen nach dem Ableben ihres zweiten Mannes »Das Gehege« in Todendorf erstehen.

Das gepflegte, angenehm stille Dorf im Nordosten ist, wenn

man die Geschichte seines aufgegebenen Vorläufers dazurechnet, eines der ältesten auf der Insel. Sechs Wüstungen aus der Zeit vor den Kolonisten und Slawengründungen wurden auf Fehmarn freigelegt. Neben den noch heute Rätsel aufgebenden Siedlungen mit Namen Taessenmaersthorp, Rataemaersthorp oder Utaesthorp gab es irgendwann auch einen Ort, der Todaenthorp hieß.

Jürgen Becker, dessen Werk sich in immer neuen Ansätzen um die Möglichkeiten von Erinnerung und Darstellung lange vergangener, verschütteter und verdrängter Erlebnisse dreht, fragt in seinem Journalroman *Jetzt die Gegend damals* sein Alter Ego Jörn – ein Dichter wie Becker selbst, laborierend an den gleichen Erinnerungen, die ihn jedoch zu anderen Schlüssen führen –, wann eine Geschichte »wirklich einmal vollständig und abgeschlossen« sei, »wo sie doch von Erfahrungen, Geschehnissen und Erinnerungen lebt, die einen unendlichen Hintergrund haben, einen Raum voller Leben und Zeit, die kein Aufhören kennt«. Jörn antwortet, er habe kein Konzept; »aber ich möchte herausfinden, was ich noch sagen kann, was ich noch weiß«.

Markos Vater war zwei Jahre jünger als Jürgen Becker. Anhand von dessen Büchern lernte Marko, sich den Alltag eines »Pimpfen« vorzustellen, etwa wenn Becker beschreibt, welche Erinnerungen sich für ihn an den Begriff »Heilkräuter« knüpfen: »Schulfrei hatten wir oft, sagt Jörn, weil immer etwas gesammelt werden mußte, Altpapier, Winterklamotten, Altmaterial, Kartoffelkäfer, Bucheckern, Geldspenden für das WHW; jungzugweise wurden ganze Stadtviertel abgeklappert, und alle Schulklassen waren auf den Beinen, wenn es zum Heilkräutersammeln ging.« Als Markos Mutter auf die Welt kam, waren die NS-Zeit, der Krieg und die faschistischen Gräuel seit einem halben Jahr vorbei. Sein Vater aber war damit groß geworden, und genau ein Jahr und einen Tag lang war er Jungvolkjunge und in der Hitler-Jugend gewesen. Konnte er vielleicht auch deshalb so grausam sein?

Marko erinnerte sich noch viele Jahre später an das ausgelassene Gelächter der Erwachsenen in Lina Manninens Garten. Es wurde gegrillt. Unter der Pergola saßen sie alle am Tisch, aßen und tranken und genossen jeder auf seine Weise den Fehmarner Sommer, von dem keiner wusste, dass es für Golo und Markos Onkel Chris der letzte sein würde, da beide Männer schon kurz darauf und ähnlich schnell an Krebs starben. Wenn Marko an den Nachmittag zurückdachte, sah er den von der Terrasse aus leicht abfallenden Rasen vor sich, auf dem er, Stipe und die anderen Kinder herumturnten. Karlina gab sich kaum noch mit ihnen ab. Sie war sechzehn und saß lieber bei den Erwachsenen, auch wenn sie es da nur öde fand. Es war das letzte Mal, dass Marko und Stipe sie sahen.

Später fragte sich Marko, wie es gekommen war, dass sein Onkel und seine Tante die Ferienwohnung einer alten Frau mieteten, die ganz offensichtlich nicht wissen wollte oder der es gleichgültig war, welches Leid Hitler über die Welt gebracht hatte. Je älter er wurde, umso rätselhafter erschien ihm, dass sein Onkel Chris und seine Tante Gundi, die normale, nette Leute waren, sich nicht empört und das Haus in Todendorf auf der Stelle verlassen hatten, als sie sahen, welcher Kult darin herrschte. Gut fünfunddreißig Jahre sind seit jenem Nachmittag vergangen, ziemlich genau die Zeitspanne, die damals vergangen war seit dem Ende des Krieges und der Terrorherrschaft Hitlers und seiner Helfer.

Nie vergessen konnte Marko, wie die mausgraue Alte überall ihre Augen zu haben schien. In ihrer Stimme lag bei aller vermeintlichen Zuvorkommenheit eine eisige Kälte, die einen Jungen wie ihn erschaudern ließ.

Als Karlina und ihre Eltern schon gegangen waren und er gelangweilt durch das Haus geisterte, stand die alte Frau in dem

Zimmer, in dem die Totenbüste hing, mit einem Mal vor ihm, legte ihm die Hand auf die Schulter und drehte ihn zur Wand. Was ein Hakenkreuz ist und wofür es steht, wusste Marko oder glaubte es zu wissen, aber nie hatte er SS-Runen und Hakenkreuze an einer Wohnzimmerwand gesehen.

»Schau gut hin«, sagte die Alte, und nochmals: »Schau gut hin.«

4 Ein Zelt auf dem Meeresgrund

Mehrere Jahre vergingen, bis Marko das nächste Mal auf die Insel kam, und weil sich in seinem Leben beinahe alles verändert hatte, war es für ihn seltsam und phantastisch, zu sehen, dass auf Fehmarn anscheinend alles noch immer so war wie in den unendlich weit zurückliegenden Hinrichsdorfer Sommern.

Sein Vater war ausgezogen. In den folgenden Jahrzehnten – ja, Jahrzehnten! – sah Marko ihn nur ein einziges Mal wieder, rein zufällig an einer Tankstelle in einem Hamburger Industriegebiet. Marko saß auf dem Beifahrersitz des Wagens von seinem Freund Kolja, als sein Vater vorbeiging. Er wirkte müde, grau, alt, wie ein entthronter Despot in Jogginghose, und Marko empfand keinerlei Mitleid, nur eine dumpfe Genugtuung, für die er sich aber sofort schämte. In der ersten Zeit nach seinem Auszug hatte sein Vater manchmal angerufen, um mit Markos Mutter zu besprechen, wann er den kleinen Endre abholen konnte, und wenn es Marko war, der abhob und sich mit seinem Nachnamen meldete, sagte sein Vater am anderen Ende immer »Hier auch«, bevor er eine Frage stellte oder etwas von sich gab, was Marko aber gar nicht mehr hörte. Sobald er vernahm, wer am Apparat war, legte er den Hörer daneben und sagte tonlos: »Telefon.«

Er ging dann hinunter in sein Zimmer, doch bevor er die Tür schloss, sah er an der Wand im Vorraum immer den Heizkörper und wurde wie von einem grausamen Automatismus an den Nachmittag erinnert, als dort Stipe gekauert hatte, mit blutüberströmtem Gesicht, während ihr Vater im Ladenkittel, der ebenso voller Blut war, sich an Marko vorbeidrängte nach oben und auf der Treppe schrie: »Auch welche fangen? Mir aus den Augen!«

Nachdem der Minisupermarktleiter das Weite gesucht hatte, war bald auch Stipe ausgezogen, noch keine sechzehn, und Marko sah seinen Bruder für lange Zeit nur selten.

Fehmarn war in diesen Jahren für ihn vermintes Gelände, und die Minen waren seine Erinnerungen. Die Insel war im Ersten Weltkrieg Sperrgebiet gewesen, nur die Fehmarner durften sich auf Fehmarn aufhalten, lernte Marko in der Schule, und ihm erschien nicht nur völlig plausibel, sondern sein eigenes Leben zu betreffen, was er in Max Herrmann-Neißes Gedicht *Heimatlos* las, über das er seinerzeit eine Klassenarbeit schrieb:

»Die Eingebornen träumen vor den Toren
und wissen nicht, daß wir ihr Schatten sind.«

Bald trug Stipe einen Schnauzbart. Fast alle seine Freunde schraubten an »Möhren« herum, gebrauchten Autos mit gigantischem Auspuff, und so zu Markos Verblüffung auch Stipe. Einmal erzählte er, als wäre es das Natürlichste auf der Welt, dass er ihren Vater besucht und das alte Scheusal verprügelt hatte. Nach Stipes Auffassung gab es Probleme nicht, damit man sie diskutierte, sondern damit man sie sich vom Hals schaffte. Genauso verwunderte Marko, dass Stipes Clique die Sommermonate an der Ostsee verbrachte, wenn auch nicht auf Fehmarn. Sie zelteten, gingen schwimmen, prügelten sich, hatten Mädchen, tranken Unmengen Bier und Korn und bockten mitten auf dem Campingplatz ihre verbreiterten, tiefergelegten und mit Spoilern und Hutzen versehenen Capris, Mantas und Sciroccos auf, um sich darunterzulegen und daran herumzuschrauben. So stellte es sich einer wie Marko vor. Eine sehr rätselhafte Welt für ihn, das Paralleluniversum, in dem sein Bruder überlebt hatte. Marko war froh, dass es Stipe noch immer gab.

Erst über Pfingsten 1983, in dem Jahr, in dem er achtzehn wurde, war Marko für ein paar Tage wieder auf der Insel, und weil so viel Zeit ins Land gegangen war und Kolja, der ihn begleitete, Fehmarn nicht kannte, kam Marko die Idee einer Zufußdurchquerung, die zugleich Begrüßung, Wiederbegegnung und Bestandsaufnahme sein sollte. Thiess, der neue Freund von Markos Mutter und bald sein Stiefvater, fuhr die beiden langhaarigen und schlaksigen Jungs an den Sund, um sie in Burgtiefe auf dem Parkplatz im Schatten der Hochhäuser abzusetzen. Es war ein grauer Tag. Aus dem wolkenverhangenen Himmel sirrte ein kalter Nieselregen. Für drei Tage würden sie ganz auf sich gestellt sein.

Im Rücken die Dreierstafette aus Haus Kopenhagen, Haus Berlin und Südstrandklinik, liefen Marko und sein Freund Kolja los in Richtung Inselmitte. Sie wussten nicht, dass man auf Fehmarn die Drillingstürme »Fernblickhäuser« nennt und ein Däne sie entworfen hatte, Arne Jacobsen, der 1971, im Jahr ihrer Fertigstellung, starb. So wie die meisten Insulaner empfanden die beiden Hamburger Jungs die auf so raffinierte wie pragmatische Weise miteinander verbundenen Hotel-, Apartment- und Klinikgebäude als Verschandelung der Sundküste mit ihren Dünen und Stränden und wussten nicht, dass Jacobsen das gesamte Ensemble lediglich dreistöckig geplant, die Inselverwaltung es aber stattdessen je siebzehn Etagen hoch hatte bauen lassen. Woher hätten sie das auch wissen sollen? Weil keiner sich dafür interessierte, hatte es ihnen niemand erzählt. Marko und Kolja wussten nichts von Mies van der Rohe oder Le Corbusier. In der Untersekunda ihres Gymnasiums an der Hamburger Stadtgrenze stand Architektur so wenig auf dem Lehrplan wie Neue Musik, Informelle Malerei oder Poesie der Wiener Schule. Ihr Kunstlehrer trug einen Button am Pulli, auf dem »Beuys statt Bauhaus!« stand, und hätte ihnen Funktionalismus wahrscheinlich als verdammenswerte Ideologie untergejubelt. Sie kannten die Stühle und Sessel nicht, die Arne Jacobsen entwarf und nach ihrem Erscheinungsbild *myre*, *æg* und *svane* nannte, »Ameise«, »Ei« und »Schwan«. Sie kannten vielleicht gerade mal Stanley Kubrick, doch woher hätten sie wissen sollen, dass für *2001 – Odyssee im Weltraum* das Essbesteck an Bord der *Discovery One* Arne Jacobsen designt hatte.

Markos und Koljas Essbesteck klöterte in ihren vollgestopften Alpinistenrucksäcken, und eine Odyssee erlebten auch sie. Das sirrende Nieseln verwandelte sich an diesem Samstagmorgen rasch in ergiebigen Dauerregen. Durchnässt trotteten sie eine Stunde später durch Burg, wo sich in der unerwartet kalten Vorsaisonzeit so gut wie niemand auf den Straßen blicken ließ. Es hätte ebenso gut hundertzwanzig Jahre früher sein können, »am 15. März 1864, mitten im Deutsch-Dänischen oder Dänisch-Deutschen Krieg, je nachdem, von wo aus man den Dreck betrachtet«, sagte Kolja, als sie wie zwei desertierte Infanteristen über das regennass glänzende Kopfsteinpflaster des Mellenthinplatzes schlurften. Unter dem Vordach einer wie seit 1864 geschlossenen Bäckerei wuchteten sie ihr Wandergepäck von den Rücken, verschnauften und blickten trübsinnig in die Regenfäden. Kolja erzählte von dem preußischen Hauptmann, nach dem der Platz im Zentrum von Burg benannt war, weil Xaver von Mellenthins 160 Mann starke brandenburgische Kompanie von Heiligenhafen aus über den Sund gerudert war, um Fehmarn – oder Femern – aus der Hand der Dänen zu befreien.

»Hör mal«, sagte Kolja. »Wenn deine Ohren die Ohren aufmachen, hörst du noch das blecherne Geknalle der Füsiliergewehre und die Bajonette, wie sie – ratsch! – in eine Brust fahren und – ratsch … aahh! – wieder raus.«

»Aber sonst geht's dir gut, oder?« Marko drehte sich eine Zigarette. »Wer ist hier eigentlich der Traumtänzer, du oder ich?«

Herr Traumtänzer, so war Marko von seinem Vater genannt worden, lange war ihm das nicht mehr in den Sinn gekommen.

Kolja pflückte ihm die Javaanse Jongens von den Lippen und steckte sie sich an. »Wir beide, würd ich sagen. Du Traumtänzer, ich Traumtänzer, wir Traumtänzer. Alle Nichttraumtänzer können uns.«

Kolja hatte keinen Vater, der zuschlug – erst mit der flachen Hand, dann, auf dem Rückweg der Hand, mit den Fingerknöcheln. Koljas Vater, der bedeutende Professor für mittelalterliche Geschichte, hatte gesittetere Mittel, um den Sohn kleinzuhalten, damit der ihm nicht so bald über den Kopf wuchs.

Kolja sollte Geschichte studieren. Kolja sollte ein nicht ganz so bedeutender Professor für mittelalterliche Geschichte, wollte aber lieber Musiker werden, Flötist. Er liebte die Werke von Jules Demersseman. Er liebte Jethro Tull wegen Ian Andersons und die frühen Genesis wegen Peter Gabriels Flötenspiel. Kolja wollte, möglichst weit weg, auf ein Konservatorium gehen, vielleicht in Dänemark, in Aarhus.

Aber das kam nicht infrage.

»Du Flöte«, sagte sein Vater zu ihm.

»Trööööt!«

Nach Koljas Auffassung gab es Probleme, weil man sie zwar diskutieren, sich aber trotzdem nicht vom Hals schaffen konnte.

»Knowing me, knowing you (a-ha …)

There is nothing we can do …«

»Los, weiter!«

Als sie am Burger Stadtteich vorbeikamen, blickte Marko über das plötzlich winzig anmutende Wasserrechteck und meinte, drüben am anderen Ufer seine Mutter die Kinderkarre mit seinem kleinen Bruder darin durch den feinen Sprühregen schieben zu sehen, immer um den Teich herum, herum und herum, wie ein großer Zeiger mit seinem kleinen Zeiger, so lief sie jetzt schon seit Jahren im Kreis.

In Regenpausen versuchten sie voranzukommen, und sobald der nächste Schauer einsetzte, krochen sie irgendwo unter, bald war ihnen egal, ob an einem Bushaltestellenhäuschen, einer Tankstelle, in einer offen stehenden Scheune oder einem verfallenden Transformatorenturm. Von Burg liefen sie nach Westen Richtung Landkirchen, bogen nordwärts ab nach Ostermarkelsdorf und kamen so, es war früher Nachmittag, nach Hinrichsdorf.

Marko zeigte Kolja das Feld, das er nachts mit dem Fendt gepflügt hatte, sie kamen an Stipes Fuchsknick vorbei und an Feldern, auf denen hellgrün, kaum kniehoch, Sommergetreide wuchs, die für Marko aber seit sechs, sieben, acht Sommern unveränderlich Stoppelfelder waren. Fehmarn stellte für ihn einen unaussprechlichen Bereich dar, ganz so wie die geheime, an den Nachmittagen mit den Jungs aus dem Dorf, den »Buam«, erlebte Landschaft seiner Kindheit in Oberbayern. In einen Spiegel hinein sagte Marko einmal zu mir, Fehmarn komme ihm vor wie der Mond seines Kindheitsplaneten.

Der jugendliche Marko, der Marko, der noch nicht selber Vater war, wusste genau, dass er noch lange brauchen würde, bis er in Worte zu fassen versuchen konnte, was die Insel, ihr Licht, ihre Verlangsamung, ihre Gerüche und ihre Stille ihm bedeuteten. Mit so unendlich vielen kleinen Stellen und Orten auf Fehmarn verband er Erlebnisse, die augenblicklich wieder lebendig wurden, sobald er den Fleck erneut sah. Als er mit Kolja nach Hinrichsdorf hineinging, sah er Karlina vor sich, ihre Achselhöhlen, ihre Flunsch, »Klei mi an ’n Mors, Draken«, hörte er den alten Raulf Richardsen fluchen, er hörte Markus lachen und sah ihn wieder dicht vor sich, Markus aus Duisburg-Meiderich mit dem hellblau-weiß gestreiften Zebra-Trikot und dem dünnen, dunklen Flaum auf der Oberlippe. Kolja verstörte die Dringlichkeit der Erinnerungen seines Freundes; vielleicht, weil er sich von ihnen ausgeschlossen fühlte und ja tatsächlich nicht darin vorkam, fing er an, sich lustig zu machen über alte Trecker, Bäuerinnenkittel und abgetrennte Finger.

Marko genoss dann die Wehmut, sich wie früher mit seinem zusammengeklebten Buch über Segelschiffe unerkannt und unverstanden zu fühlen. Mit einem Mal ging er wieder allein unter den hässlichen Kopfweiden die Allee entlang, die vor Richardsens Hof vorbeiführt und dem alten Gehöft zustrebt, das mit seinem Kräutergarten und dem alten Nussbaum darin damals schon Ruine war und es noch immer ist.

Höchstens hatte er eine undefinierbare Ahnung, doch Marko wusste nicht, was ich weiß, der ich hier und jetzt auf ihn zurück- und von seiner damaligen Warte aus gesehen in die Zukunft blicken kann – dass nämlich dieses winzige Dorf, eines der kleinsten überhaupt auf Fehmarn, für ihn nicht nur die Inselmitte, sondern für alle Zeit die Mitte seiner mit allen Inseln der Welt verbundenen Erinnerungen bleiben sollte. Wehmütige Schauder packen mich, und ich empfinde etwas wie ein furchtbares Glück, sobald ich nach Hinrichsdorf komme.

Warum ist das so?

Vielleicht am ergreifendsten schildern den wahrscheinlichen Grund Tomas Tranströmers Kindheitsmemoiren *Die Erinnerungen sehen mich*, in denen er schreibt: »Ich versuche, mich zu erinnern, versuche, dahin vorzudringen. Aber es ist schwer, sich in diesen verdichteten Bereichen zu bewegen, es ist gefährlich, ein Gefühl, als käme ich dem Tode nahe.«

In den folgenden zehn Sommern fuhren Marko und Kolja stets nach Fehmarn, zumindest kam es mir so vor. Es gab Ausnahmen, es gab Freundinnen. Auch fuhren sie gar nicht nach Fehmarn, um dort ihre Ferien zu verbringen – Oberstufenferien, Ferien vom Zivildienst, Semesterferien –, sondern um auf der Insel gewesen zu sein, bevor sie weiter in den Norden reisten. Es zog sie nach Dänemark, wo sie auf der winzigen und fast menschenleeren Insel Sejerø im Vandrerhjem, dem Wanderheim, am Kattegat saßen und sich und einander von Fehmarn erzählten.

Während zwei oder drei Sommern verbrachten sie ein paar Tage in Kopenhagen. Sie sahen sich in Humlebæk, im Museum für moderne Kunst Louisiana, Giacomettis Figuren und Calders Mobiles an. *Fløjte* – wo immer sie das dänische Wort für Flöte entdeckten, machten sie halt. Sie kauften sich Gras in Christiania und fuhren singend – »I kan ikke slå os ihjel!« – über den Öresund nach Malmö, von da nordwärts über Lund und Landskrona bis nach Råå. Die schwedische Fähre brachte sie hinüber nach Kyrkbacken, dem Hafen auf dem Eiland Ven. Dort lagen sie rum im Vandrarhem, dem Wanderheim, lasen Gedichte von Nelly Sachs, Tomas Tranströmer und Lars Gustafsson und redeten viel über Fehmarn.

Aber länger als einen halben Tag blieben sie gemeinsam nie wieder auf der Insel, und so wurde für sie, niemanden sonst, Pfingsten 83 legendär, die Zufußdurchquerung ihr Gründungsmythos, der Glutkern ihrer Freundschaft.

»Weißte noch, Fehmarn?«

»Ratsch! – in eine Brust und – ratsch … aahh! – wieder raus.«

»Tröööt!«

Ehe sie in Puttgarden auf die Fähre nach Rødby fuhren, gondelten sie in all diesen Jahren über die Straßen zwischen den Stoppelfeldern, fuhren zum Grünen Brink, wanderten zum Niobe-Denkmal und standen an den von Mal zu Mal kleiner und trister erscheinenden Fischkutter- und Segeljachtanlegern von Orth und Lemkenhafen. So frischten sie Erinnerungen an diesen oder jenen der Freundschaftstradition geschuldeten Fehmarnaufenthalt auf und sammelten zugleich neue oder taten zumindest so.

Jede Freundschaft ist auch eine Insel. Ein Meer umgibt einen Berg und lässt nur den Gipfel frei, während der größte Teil unter Wasser liegt und verborgen bleibt. Das einzig Massive an einer Insel, man mache sich nichts vor, sind die Gefahren, denen sie ausgesetzt ist. Alle kommen sie aus der Tiefe, und das Meer kennt keine Diplomatie.

In einem der ersten Sommer nach dem Mauerfall – 1991 vielleicht, in diesem Jahr schrieb Marko viele Gedichte über Sejerø und darüber, was das für ihn war, eine Insel –, da standen Kolja und er, kurz bevor sie in Puttgarden auf die Autofähre fahren wollten, am Hafen von Orth und beobachteten die hereinkommenden Kutter. Marko sah Golo vor sich, im Troyer überm Finkenwerder Hemd, Chris, Gundi und die Svea, alle waren sie am Leben und versessen auf fangfrischen Aal.

Und Stipe rannte davon, wie der Wind über den Parkplatz, es gab niemanden, der ihn einfangen konnte.

»Was meinst du«, fragte Kolja, »wie hoch ist so ein Fischkuttermast?«

Dreieinhalb Meter, schätzte Marko und sagte: »Vielleicht dreieinhalb Meter.«

»3,47 Meter, der höchste je gemessene Wasserstand«, sagte Kolja. »Ostseesturmhochwasser, im November 1872. Sieht nicht sehr hoch aus, riss aber alles weg. Ein Drittel der Insel war Meeresgrund.«

»Und Deiche, gab es keine Deiche?«

»Wurden erst deswegen gebaut.«

Wie oft wohl in diesen zehn Fehmarner Sommern mit Kolja, und auch schon davor, in den Jahren seiner Kindheit und Jugend, wird Marko dem schmalen Mädchen mit den langen, glatten schwarzen Haaren begegnet sein, das später seine Frau wurde und so wie er als Kind und später Teenager die Ferien auf der Insel verbrachte? Frankas Cousine war mit einem Fehmarner verheiratet und hatte lange in Lemkenhafen gewohnt. Franka war in den Ferien oft bei Sünje und Frenk und dessen Fehmarner Eltern zu Besuch gewesen, nicht selten wochenlang, sie war ein Sommerinselkind wie Marko, wie ich, wie Stipe und alle anderen, in deren Leben die warmen, lichten Wochen an Belt und Sund womöglich den einzigen Schnittpunkt bilden.

Vielleicht langweilten sie sich beide an einem Tag am Südstrand mit den Eltern und beobachteten einander heimlich aus den Augenwinkeln.

Franka fühlte sich allein.

Marko fühlte sich allein.

Wieso redeten sie nicht miteinander?

»Bist du allein hier?«

»Ja, irgendwie schon. Und du?«

Vielleicht wollten Frankas Eltern sich irgendwann, an einem müden Sommertag 1979, einmal Hinrichsdorf ansehen und fuhren mit dem Ro 80 im Schritttempo durch das Örtchen in der Mitte der Insel, nicht ahnend, dass es ihr eigentliches Herz war.

Da waren jede Menge Kinder auf einem Bauernhof vor einer mächtigen Scheune, in der ein Mähdrescher stand; die setzten alles daran, einen haushoch mit Strohballen beladenen Anhänger zu erklimmen.

»Guck mal, Franka.«

»Ja … Können wir anhalten?«

»Ach nö. Wir wollten nur sehen, wie's hier so wäre …«

Manchmal, wenn sie über die Insel fuhren, sagte Kolja: »Stell dir vor, hier wär überall Wasser! Nur die Bäume, die Dächer von den großen Scheunen, Türme, Kirchen und Silos würden rausgucken.«

»Wo Meer war, wird wieder Meer sein«, heißt es in einem von Markos frühen Gedichten.

»Stell dir vor, alles unter Wasser, und wir auch«, sagte Kolja.

In Tomas Tranströmers Lyriksammlung *Der halbfertige Himmel* gibt es ein Gedicht, das mir einfällt, sobald ich an Kolja denke. Es heißt »Als wir die Inseln wiedersahen«, und die letzte Strophe lautet auf Schwedisch so:

»En alltid ljus förvåning,
när ön räcker ut en hand
och drar mig upp ur sorgsenhet.«

Das nämlich haben auch Marko und Kolja auf ihren drei Inseln immer wieder erlebt, auf Ven und Sejerø, vor allem aber auf Fehmarn:

»Ein immer helles Staunen,
wenn die Insel eine Hand ausstreckt
und mich herauszieht aus der Traurigkeit.«

Einmal musizierte Koljas Flötentrio in der Hamburger Kunsthalle, Beethoven-Bearbeitungen im Runge-Zimmer, der erste größere Auftritt für Kolja und seine beiden Kommilitoninnen. Er studierte im dritten Semester Geschichte, trank viel, verliebte sich alle paar Wochen, aufgeschwemmt und bekümmert sah er aus.

Die Rotunde war voller Leute, seine Mutter war da, sein Vater hatte in Weimar oder Jena oder sonst wo Besseres zu tun, es war ein berührendes, seltsam schönes Konzert, das Kolja Mut machte. Marko lief danach ziellos noch ein wenig durch die Säle und stand mit einem Mal wie vom Blitz getroffen vor Gemälden, die in bunten, leuchtenden Farben Fehmarn darstellten, Felder, Wald, Strände, badende Nackte, eine große, unwirklich gelbe Scheune und immer wieder den Leuchtturm Staberhuk. Es war das erste Mal, dass Marko Bilder des berühmten Malers sah, von dem sein Vater viele Jahre zuvor erzählt hatte. Ernst Ludwig Kirchner war zwischen 1908 und 1914 für vier Sommer zu Gast auf der Insel gewesen, und wie Marko, dem das ein Omen schien, kam er aus Bayern, aus Aschaffenburg.

In Markos Gedächtnis verbanden sich alle ihre Kurzaufenthalte auf der Insel zu einem einzigen, zehn Monate dauernden Fehmarnsommer, allerdings musste er zugeben, dass Kolja und er unmöglich mit so vielen verschiedenen Autos, an die er sich zu erinnern glaubte, zwischen Gold und Orth, Bojendorf und Gammendorf, Presen und Staberhuk unterwegs gewesen sein konnten. Wann hatten sie am Strukkamphuk mit dem Porsche von Koljas Mutter den Hasen überfahren? An welchem Strand, in welchem Jahr war Marko klar geworden, dass die See weder ein philosophisches Problem darstellte noch ein poetisches? Das Meer war nicht zu begreifen, nur zu bereisen, nur zu betrachten. Wann und wo hatten sie in seiner alten Giulia so laut die Smiths gehört, dass schließlich ein Peterwagen sie anhielt?

»Oh, there's a light that never goes out
There is a light and it never goes out
There is a light and it never goes out …«

Wenn sie zurückkamen von Sejerø im Kattegat oder Ven im schwedischen Öresund und in Rødby auf die Fähre der Vogelfluglinie fuhren, dann wussten sie immer, die letzte Freude hatten sie noch vor sich. Langsam, meist schweigend fuhren sie über Fehmarn, und Marko meinte, ein Gefühl dafür zu haben, warum die Insel so hieß, »fe mern«, denn sie lag ja wirklich weit draußen auf dem Meer, zumindest, wenn man sie sich von Norden kommend vorstellte.

Von Dänemark aus betrachtet, ist Fehmarn die am weitesten entfernte südliche Insel, ehe endloses Festland beginnt.

Nach Markos Auffassung gab es Probleme überhaupt nicht, es gab nur Entscheidungen.

Trotz des endlos wirkenden Regens entschieden sie sich, weiterzugehen, verließen Hinrichsdorf in westlicher Richtung, liefen an grauen Feldern und schlammigen Äckern entlang und folgten der Straße nach Norden, nach Gammendorf. Dreißig Jahre später wohnten wir dort einen halben Sommer lang, und immer, wenn wir mit dem Wagen nach Landkirchen fuhren und weiter nach Burg, zeigte ich meiner Frau und den Kindern, wo Marko mit Kolja entlanggelaufen war, und dann staunten sie alle oder gaben sich wenigstens Mühe, einer Mischung aus echtem Unverständnis und gespieltem Gelangtweiltsein den Anschein von Erstaunen zu geben.

»Ja, ist ein sehr langer Weg! Ja, ist eine sehr alte Geschichte!«

Überall die Kopfweiden. Zu Pfingsten haben sie längst ausgeschlagen und blühen. Die schmale, der Beltküste entgegenstrebende Straße, auf der Marko und Kolja mit vollgepackten Alpenwandererrucksäcken dahinliefen, säumen Oxelbeerbäume, eine gegen jeden Wind gefeite Vogelbeerart, die auch Schwedische Mehlbeere heißt.

Sie wunderten sich, wie viele Vögel in den Baumwipfeln und über den Feldern zu sehen waren, unzählige und völlig unterschiedliche: Schwalben, Krähen, Tauben, Amseln und Stare natürlich, aber auch Meisen, Spatzen, Elstern, Finken, Mauersegler und Häher. Von den meisten kannten sie nicht mal die Namen, Feldlerchen, Wiesenpieper, Rotschenkel, und womöglich wäre ihnen das Lachen vergangen, ihr Galgenhumor angesichts des alles durchdringenden Regens, hätten sie gewusst, dass von rund 500 europäischen Vogelarten 1983 auf Fehmarn noch 338 lebten, davon 160, die auf der Insel brüteten, Zahlen, die seither zurück- und zurückgingen und -gehen, obgleich Vogel- und Naturschutzgebiete immer größer wurden und werden. An den Flachküsten im Norden und Westen Brandgänse, Austernfischer, Sandregenpfeifer, Bachstelzen, im Süden und Osten an den Steilküsten und in den so raren Wäldern, die eigentlich bloß Ufergehölze sind, Uferschwalben, Mäusebussarde, Milane, Habichte, Fasane und plötzlich – Kolja schrie: »Wo bleibt die Euphorie?«, und traute seinen Augen nicht, während Marko es ebenso wenig glaubte, aber hoffte, es wäre wirklich so – ein Seeadler …!

Er zeigte dem Freund das Niobe-Denkmal und erzählte, was er von dem Schiff und dem Untergang des Seglers noch wusste, er zeigte ihm die Rah oben an dem Mast, zeigte aufs Meer, das grau war und aufgeraut von stürmischem Westwind.

Lange stand Kolja vor dem Gedenkstein und las die Inschrift auf dem Sockel, laut las er vor: »›Es ist nicht nötig, dass ich lebe, wohl aber, dass ich meine Pflicht …‹«

»Nazidreck«, sagte Marko.

Und Kolja: »Ganz so einfach ist es nicht. Mit den Nazis hat das wenig zu tun. So weit konnten die gar nicht denken. Ist ein Ausspruch von Friedrich dem Großen, aus dem Siebenjährigen Krieg, und außerdem nur die Hälfte des Satzes. Er ist geeignet, jeden abzukanzeln, weil jeder ihn missversteht, und darum eines der professoralen Lieblingszitate meines alten Herrn. Kein Wunder, er kommt ja selber drin vor! ›Es ist nicht nötig, dass ich lebe, wohl aber, dass ich meine Pflicht tue und für das Vaterland kämpfe, um es zu retten, wenn es noch zu retten ist.‹«

»Trööööt.«

Kolja fragte Marko: »Findest du es nötig, dass es uns gibt?«

Und Marko sagte: »Unbedingt. Wahrscheinlich wäre alles genau so ohne uns. Aber dass wir hier sind, ist schön. Alles ist gut, solange man was liebt. Und wenn es nur der bekackte Regen ist.«

Zwei Stunden lang folgten sie an diesem Nachmittag dem Saum der Nordküste in Richtung Westen. Der Regen hörte nicht auf, es wurde immer windiger und grauer, und bald war zu beiden Seiten nur noch Wasser, rechts die Sturmbrandung der Ostsee, links die noch heute seltsam namenlosen, wie nicht gewollten, nicht dazugehörigen Nördlichen Binnenseen. Schutz suchend, wasserten dort Vögel. Hunderte schaukelten bereits auf den grauen Wellen. Was die See von diesen Seen trennt, die für zahllose Jahre Teil von ihr waren, ist ein von widerständig hartem Gras bewachsener Deich, den man längst eingezäunt hat; als Marko und Kolja ihre Rucksäcke darüber hinschleppten, war er frei zugänglich und voller verschlafen taumeliger Schafe, welche die beiden auf ihr aberwitziges Weideland versprengten langhaarigen Menschen keines Blickes würdigten.

Eine Zeit lang unterhielten sie sich noch, über Musik, Dichtung, Frauen, die drei wichtigsten Themen. Jackson Browne oder James Taylor, wer war elegischer? Gab es nicht eindeutig Rilke-Anklänge in Dylan Thomas' Gedichten? Gab es eine versteckte Bedeutung des Satzes »Der Zug ist abgefahren«? Wiebke aus Koljas Klasse hatte das auf einen an Marko adressierten Zettel geschrieben. Ein abgefahrener Zug konnte auch ein irrer, ein begeisternder Zug sein. Und wohin denn war der Zug abgefahren? Sollte Marko vielleicht dorthin kommen, wollte Wiebke ihm das mit dem merkwürdigen Satz sagen?

Furchtbare, fürchterliche Flüche. Noch nie hatte Marko den Freund so fluchen gehört, und auch er selber hatte so noch nie den Regen verflucht, das Meer, die Wolken. Überall war nichts, nichts als Wasser. Sie schrien an gegen den Wind, fluchten auf die Windstärken, die Himmelsrichtungen, den Himmel selbst. Dahintrottend suchten sie Halt. Abwechslung und Geborgenheit fanden sie bei Rilkes Jamben.

»Und so ist alles was ihr Blick beschreibt …!«, brüllte Marko.

Und Kolja ergänzte, er schrie:

»… von Kindheit an! nicht auf sie Angewandtes!,
zu Großes!, Rücksichtsloses!, Hergesandtes!,
das ihre Einsamkeit noch übertreibt!«

Sie waren sechzehn und siebzehn.

Und ich habe es mit über fünfzig noch im Ohr.

So hielt Rainer Maria Rilke die Isoliertheit der Insulaner fest in *Die Insel*, wo er zwar über Eindrücke von der Nordsee schrieb, aber das war ihnen gleich, denn anscheinend hatte es ausgerechnet sie beide mitten hinein in dieses zeitenthobene Gedicht verschlagen.

»… zu Großes, Rücksichtsloses, Hergesandtes,
das ihre Einsamkeit noch übertreibt.«

Die längste Zeit aber liefen sie bloß stumm und trotzig weiter, und dieser Trotz schweißte sie beide zusammen, ja, wortwörtlich tat er das, oder klebten sie etwa nicht aneinander fest, sobald einer ausrutschte und der andere ihn stützte? Ihre Freundschaft, die nach der Zufußdurchquerung Fehmarns noch fast dreißig Jahre lang bestehen sollte, wurde vielleicht deshalb so alt, weil sie auf dieser Erfahrung von aufbegehrender Übereinkunft gründete. Marko und Kolja erlebten die Wucht des Trotzes gemeinsam, und gegenseitig feuerten sie sich an:

»Und draußen formt sich eines von den Schafen
ganz groß, fast drohend, auf dem Außendeich.«

Darüber konnten sie sich kaputtlachen.

So rebellisch, wie sie waren, jeder auf seine eigene Weise, kamen sie sich wie eine Insel auf der Insel vor und bildeten sich ein, dem feindlichen Meer der Alten rings, für die es nichts als Nutzen, Leistung und Lieblosigkeit gab, standhalten zu können. Altenteil heißt das letzte, nördlichste Dorf, an dem sie auf ihrem Deich voller Schafe vorbeikamen und das sie seines Namens wegen höhnend links liegen ließen, auch wenn ihre Klamotten da längst so durchnässt waren, dass man sie hätte auswringen können.

Von Bojendorf am nordwestlichen Zipfel der Insel heißt es auf Fehmarn, dort hätten früher die Jungs aus dem Ort jeden Abend die Sonne eingefangen und über Nacht in eine Scheune gesperrt. Genau das taten an diesem Pfingstwochenende drei Tage lang Marko und Kolja, nur dass ihre Scheune ein Zweimannzelt war.

Auf dem verlassen daliegenden Campingplatz Fehmarnbelt stand es unmittelbar am Meer, war eigentlich aber fast ganz umgeben von Wasser, Wasser, das ohne Unterlass aus dem Himmel stürzte, und Wasser des nördlichsten der durch Eindeichung entstandenen Fehmarner Binnenseen.

»Dein Zelt«, sagte Kolja zu Marko, als sie es im strömenden Regen aufbauten, »ist braun wie ein Hundehaufen und auch nicht viel größer.«

Es stimmte, Markos Zelt hatte eine Farbe, die unangenehm anzusehen war. Und es war in der Tat nicht groß. Es war so klein, dass ihre Rucksäcke nicht mit hineinpassten, wenn sie selber darin hockten oder lagen, und das mussten sie des Wetters wegen im Grunde den ganzen Tag.

Sie waren, abgesehen von einem Paar, das in Rufnähe in einem vermoosten Wohnwagen lebte, die einzigen Camper auf dem Platz. Es gab einen Platzwart, der in einem grauen Zementbungalow darauf achtete, ob das Meer kam, um alles wegzuspülen, und es gab einen Zwinger mit Wellblechdach, in den ein trübsinniger Köter gesperrt war, der in einem früheren Leben ein Deutscher Schäferhund gewesen sein musste und auf den Namen Klockmann hörte. Kolja fragte sich in den zweieinhalb Tagen, die sie es auf diesem Campingplatz am letzten Zipfelfortsatz der Welt aushielten, ob auf Fehmarn Hunde wohl einen Vor- und einen Nachnamen hatten.

Tagsüber jaulte Klockmann. Nachts heulte Klockmann. Er war eines der traurigsten Geschöpfe, die Marko in seinem Leben gesehen hatte. Noch viele Jahre später, als Kolja immer unglücklicher geworden war, weil sein großer Vater nicht mal einen kleinen Akademiker aus ihm hatte schmieden und Kolja genauso wenig seiner Leidenschaft hatte folgen und Musiker werden können, sondern sich festbiss, zurückzog, in seiner Lähmung isolierte und anderen die Schuld daran gab, sagte Marko manchmal im Scherz zu ihm: »Hey, du musst aufpassen, dass du nicht wie Klockmann wirst.«

Eigentlich zelteten sie auf dem Meeresgrund. In den seltenen Regenpausen, trockenere Momente, die meist keine Minute dauerten, stürzten sie vors Zelt, um das Wasser aus ihren Rucksäcken zu kippen. Dann sahen sie durch den Dunst den Leuchtturm von Westermarkelsdorf strahlen, »das Leuchtfeuer am Hakenorth!«, wie der Platzwart das Türmchen mit dem Licht ehrfurchtsvoll nannte, und meinten erahnen zu können, wo noch vor wenigen Jahrzehnten die Nordküste von Fehmarn verlaufen war.

Im Zelt liegend, lauschten sie Klockmanns Gesängen und dem allabendlichen Streit des Paares in seinem Wohnwagen voller Moos, das in Wirklichkeit vielleicht Tang war. Im Zelt hockend, erhitzten sie mit einem zum Lachen winzigen Brenner Konserven, Ravioli, einen Eintopf, eine – »Au!« – Tomatensuppe. Im Zelt aneinanderlehnend, tranken sie Wein, einer sang einen Song an, und der andere musste raten, von wem er war: Van Morrison? Bob Seger! Nils Lofgren? Neil Young! Sie rauchten alles, was nur entfernt wie Tabak aussah. Sie rauchten und rauchten und rauchten, bis es nichts mehr zu rauchen gab und sie zum ersten Mal daran dachten, vom Platzwartbungalow aus Markos Großmutter anzurufen, damit die sie abholte mit dem Redford, ihrem roten Ford Taunus Automatik. Stipe baute fünf Jahre später in den Wagen eine Gangschaltung ein.

»Als ich noch jung war und leicht unter den Apfelzweigen …«

Es war eine Art Seligkeit, die sie erlebten, ohne Worte dafür zu haben, und die sie vielleicht deshalb auch in den nach Fehmarn mitgebrachten Büchern suchten, in Dylan Thomas' und

Rilkes Gedichten. Kolja liebte besonders den letzten Teil von *Die Insel*, und Marko und er besprachen in ihrem Zelt auf dem Meeresgrund immer wieder jeden Vers, besonders aber die eine Zeile, in der das Wort »allein« allein steht, »so wie jedes Wort im Grunde immer nur allein steht«, sagte Kolja.

Ich höre ihn noch, wie er das Gedicht laut vorlas, so ergriffen vom Glück der Wehmut, als handelte es von ihm selbst:

»Nah ist nur Innres; alles andre fern.
Und dieses Innere gedrängt und täglich
mit allem überfüllt und ganz unsäglich.
Die Insel ist wie ein zu kleiner Stern ...«

5 Taubenperspektive

Rilke hatte eine Zeit lang in Worpswede gelebt und von dort aus Nordfriesland und Jütland besucht, bevor er sein Gedicht *Die Insel* schrieb, das er 1907 abschloss, im Geburtsjahr meines Großvaters.

Im Jahr darauf kam auch Ernst Ludwig Kirchner zum ersten Mal in den hohen Norden. Kaum ein Landstrich war abgelegener als das seinerzeit noch ganz bäuerlich geprägte Fehmarn, und genau das, die Abgeschiedenheit, die Stille und das Ursprüngliche der Ostseeinsel mit ihrer im Sommer so leuchtend hellen Farbenvielfalt, dürfte Kirchner gesucht haben, denn er wollte, wie im Trubel der Großstadt, so in der Ruhe der Landschaft, Bilder malen wie noch keiner vor ihm. »Es ist so vieles nicht gemalt worden, vielleicht alles«, schrieb Rilke in Worpswede.

Zusammen mit Emy Frisch, der späteren Frau seines Weggefährten Karl Schmidt-Rottluff, kam Kirchner im Sommer 1908 mit der Eisenbahn aus Dresden über Berlin und Hamburg nach Großenbrode. Mit dem kleinen Fährdampfer ging es über den Sund. Am Burger Staakensweg, der noch heute mit Kopfsteinen bepflasterten Chaussee, die südwärts zum Burgstaakener Hafen führt, mietete das Paar ein Giebelzimmer in der Villa Port Arthur. Kirchner war achtundzwanzig. Er hatte sein Architekturdiplom in der Tasche und zu Jahresbeginn gemeinsam mit Schmidt-Rottluff in Braunschweig die erste Einzelausstellung bestritten. Emy Frisch träumte von einer Karriere als Fotografin, und ihre Bilder, ihre Leidenschaft für das neue

Medium spornten auch Kirchner an, sich damit zu beschäftigen.

Seine Gemälde aus diesem ersten Fehmarner Sommer stellen Bauernhäuser, Windmühlen und die St.-Nikolai-Kirche in Burg dar, Kutter, Schiffe und Fischer, das so erfüllte wie entbehrungsreiche Leben an der Küste. Die Ölbilder wirken in Farbgebung und Pinselführung impressionistisch, noch erinnern sie an Gauguin und van Gogh, dessen Werk Kirchner im Sommer 1905 in einer Ausstellung in Dresden kennengelernt hatte. Aber schon 1907 ließen ihn Gemälde von Matisse und Munch, die er in Berlin sah, erahnen, was in Bewegung geraten war, auch in ihm selbst. Die Gründung der Künstlergruppe Brücke lag drei Jahre zurück, als er auf Motivsuche durch Burg ging. Die Brücke, das waren 1908 Cuno Amiet, Fritz Bleyl, Erich Heckel, Emil Nolde, Max Pechstein, Karl Schmidt-Rottluff und er. In ihrem Programm heißt es: »Mit dem Glauben an Entwicklung, an eine neue Generation der Schaffenden wie der Geniessenden rufen wir alle Jugend zusammen. Und als Jugend, die die Zukunft trägt, wollen wir uns Arm- und Lebensfreiheit verschaffen gegenüber den wohlangesessenen, älteren Kräften.«

Fehmarn war äußerlich betrachtet genau das – älter und wohlangesessen. Dieser Gegensatz aber reizte Kirchner und ließ ihn dreimal zurückkehren. Acht Jahre lang, bis 1916, sollte ihn die Insel beschäftigen, »die Farben von Fehmarn«, das »Ocker, Blau und Grün«, und sich für ihn zu einem Spannungspol entwickeln, der in der ersten Hälfte seines künstlerischen Werdegangs eine so wichtige Rolle einnimmt wie die urbane Welt Dresdens und Berlins. 122 Bilder malte er von Fehmarner Eindrücken, ein Zehntel seines Schaffens, und aus unterhalb des Staberhuker Steilufers gefundenem Strandgut entstanden Holzarbeiten, über die er schreibt, sie würden »die Übersetzung der räumlichen Vorstellungen in die Fläche« erleichtern, mithin der Ausformung der Gemälde dienen. In Wirklichkeit jedoch suchen Kirchners Fehmarner Plastiken und Skulpturen in der expressionistischen Bildhauerei ihresgleichen.

Seit Stipe und er als Knirpse am Strand unterhalb des seltsam dicken Leuchtturms umhergetobt waren, galt Staberhuk im äußersten Südosten Marko als der schönste Fleck auf Fehmarn. Nur dort trafen mal blaue, mal graue See, immer anders gefärbte Felder, im Meerwind wogender Wald und ein paar alte Backsteinbauten zusammen und damit alle Farben, die die Pracht der Insel für ihn ausmachten.

Es war ein weit zurückreichendes, vielleicht deshalb wehmütig stimmendes Gefühl, den eigenen Kindern dabei zuzusehen, wie sie auf dem Trampelpfad über der Steiluferböschung davonstoben und den Knicks aus Hagebuttensträuchern und Forsythien folgten.

»Lauft einfach!«, rief Marko seinen zwei Töchtern zu. »Irgendwann kommt der Leuchtturm, aber das dauert.«

»Aber nicht vor Schreck den Hang runterfallen, wenn er um die Ecke kommt«, spottete Markos Sohn seinen kleinen Schwestern hinterher. »Der Leuchtturm kommt!« Er lachte seinen Vater aus.

David war zwölf, Poppy sieben und Catinka fünf. Sie hatten zwei unterschiedliche Mütter, aber nur Marko als Vater, Wochenendvater, Vater am Telefon und für die halben Sommer- und Herbstferien. Mindestens einmal im Jahr fuhren sie zusammen mit Markos dritter Frau Franka nach Fehmarn. Meist war auch Wolf dabei, Wolf, der Musiker war und allein mit seiner Tochter Annie lebte. Annie war Poppys Fehmarnfreundin, Poppy fand Fehmarn ohne Annie »nicht so schön«.

»Soll ich dich mal ins Meer werfen, Sohn einer Ratte?«, sagte Marko, und David quiekte.

»Guck mal!« Franka blieb stehen, in der ausgestreckten Hand eine Postkarte. »Hier muss er gestanden haben.«

Die Karte zeigte das Gemälde *Bucht an der Fehmarnküste*, das 1913 entstand, als Ernst Ludwig Kirchner zum dritten Mal auf der Insel war. Franka, David und Marko betrachteten abwechselnd die kleine Reproduktion und den Strandabschnitt, der sich unterhalb des von Meer und von Wind stetig bearbeiteten Steilufers erstreckte. Kirchner hatte eine Reihe größerer Felsen gemalt, von denen die meisten aus dem Sand ragten, einige aber lagen im Wasser, das auf dem Bild hellblau, türkisgrün und gelb war.

Franka zeigte auf die großen, rund gewaschenen Brocken, und sogar David wusste nichts einzuwenden.

»Stimmt«, sagte er mit vogelscharfen Augen.

Unfassbar, dachte Marko, unfassbar, dass ich hier gewesen und jünger gewesen sein soll, als mein Sohn es jetzt ist.

»Ja. Vollkommen unverändert«, sagte Marko. »Hey, genau wo wir stehen, hat vor fast hundert Jahren Kirchner gestanden und gemalt!«

Ob das so stimmte, wusste Marko gar nicht. Er wusste nicht, ob Kirchner im Freien gemalt hatte oder nach Skizzen im Atelier. Dass die meisten seiner Fehmarnbilder wirkten, als wären sie sehr rasch, binnen Minuten entstanden, änderte daran nichts. Aber es war Marko auch egal. Für Momente meinte er, die Zeit stehe still.

»Die Wellen sind gelb!«, sagte David empört. »Alle anderen Sachen sind ja halbwegs richtig, Gras, Sand, Felsen, die Bäume. Aber gelbe Wellen, hey?«

»Ein Sommertag«, sagte Franka, die Fehmarn ebenso liebte, wie David und die beiden Mädchen das taten, auch wenn Markos Kindern noch ziemlich gleichgültig war, wie ihre Empfindungen sich nannten. »Ein bisschen sieht es auf dem Bild so aus, als wäre die Sonne ins Meer gefallen«, sagte Franka, »und als würde sie flüssig ans Ufer gespült werden.«

Mit lautem Geheul und Getrappel brachen die Mädchen aus

dem Knick, wo sie sich versteckt hatten, um die anderen zu erschrecken. Bis zum Leuchtturm war es noch ein gutes Stück. Marko kannte den Weg wie aus einem immer wieder geträumten Traum. Er hob die kleine Cat hoch und setzte sie sich auf die Schultern.

David rief: »Wer zuerst im Wald ist!«

Und Poppy rannte los, niemand konnte sie einholen.

Der Weg entlang der Steilküste führt um das Leuchtturmareal herum und dann weiter nach Staberhof, dem alten Gut, dessen große Scheune mit ihrem Dachtürmchen, ihren geschwungenen Giebelvorsätzen und dem großen Taubenpfahl Kirchner ebenfalls 1913 malte, ein Bild, an das sich jeder erinnert, der es in der Hamburger Kunsthalle einmal gesehen hat.

Auf diesem Ernst-Ludwig-Kirchner-Weg lief Marko, als er zehn war, mit seinen Eltern und Stipe. Er lief dort, als Endre acht war und er selber zwanzig und mit Kolja auf Durchreise; auf Fehmarn machten sie Station, um seine Mutter, seinen Stiefvater Thiess und seinen jüngsten Bruder zu besuchen, die die Ferien in Gammendorf und am Grünen Brink verbrachten. Marko lief hier mit seinen eigenen Kindern, lief hier, als Poppy sieben und Catinka fünf, Poppy zehn, Cat acht, Poppy dreizehn und Cat elf war, und mit jedem Mal war er sich beim Anblick des immergleichen Leuchtturms sicherer, dass er den Weg von Staberdorf nach Staberhuk und Staberhof noch mit den Kindern seiner Kinder laufen würde. In einem von Markos Gedichten heißt es am Schluss:

»Wir werfen unsere Kinder, werfen sie hoch in die Luft!
Türme aus Erinnerungen bauen sie, wenn sie fallen,
doch wir fangen nur den Sockel, den schwarzen Stiel.«

Der schönste Fleck der Insel gehörte den Kindern, auch wenn sie natürlich jeden Fleck zu etwas Lebendigem machten. Deshalb staunte Marko keine Sekunde, als er irgendwann erfuhr, dass der Leuchtturmwärter Ernst Friedrich Lüthmann, in dessen Haus Kirchner in den Sommern 1912 bis 1914 lebte, acht Kinder gehabt hatte.

Der Leuchtturm Staberhuk war seinerzeit noch keine zehn Jahre alt. Nachdem 1898 ein kaiserdeutsches Torpedoboot auf eines der beiden dem Huk vorgelagerten Riffe gelaufen war, nahm man 1903 den Bau des Turms in Angriff und setzte ihm 1904 die gusseiserne Laterne mitsamt Galerie des alten englischen Leuchtturms auf Helgoland auf. Kirchner war 1912 mit den Schwestern Erna und Gerda Schilling aus Berlin nach Fehmarn gekommen. Die frühere Varietétänzerin Erna wurde Kirchners »freie Kameradin«, seine Lebensgefährtin, sein Modell. Die Malerschüler Gewecke und Gothein, die Freunde Heckel und Mueller und deren Begleiterinnen kamen zu Besuch aus Berlin und Dresden, man wohnte bei Ernst und Erna unterm Dach des Leuchtturmwärterhauses. Manchmal wird es dort zugegangen sein wie im Taubenschlag. Es wurde gefeiert, getrunken, gestritten. Erna und Gerda Schilling bestickten Tücher und Decken mit Fehmarner Motiven, Fehmarner Vögeln, und Kirchner malte und schnitt, schnitzte, druckte und meißelte. In der Großstadt nahm er Veronal und Morphium, auf Fehmarn ließ sich die fieberhafte Unruhe, die ihn erfülte, auch ohne Drogen stillen. Er war oft glücklich. Auf der Insel verlor er seine Hemmungen, seine Unsicherheit. Fehmarn und Sommer, eine Zeit ohne Angst. An schönen Tagen ging er frühmorgens aus dem Haus und kam erst abends zurück. Er kannte am Staberhuk jede Vogelstimme, jede Wegbiegung.

Sobald Marko das längst hinter Zaun und Gedenktafel abgeschottete Haus des Leuchtturmwärters betrachtete, malte er sich das bunte Treiben auf dem Lüthmann'schen Grundstück aus, die Kinder, die zur Tür hinein- und herausstürmen, die Maler, die diskutierend mit einem Bier in der Hand im Garten sitzen, die spärlich bekleideten, schön geschminkten, laut lachenden, mit spitzen Fingern rauchenden jungen Frauen, »oeverkandidelte, egenklooke fruunslüüd«, nennt Lüthmann sie, der sie aber dennoch gernhat, weil sie schön anzusehen sind. Das Handtuch unterm Arm, schreiten sie übers Gras und gehen zum Strand hinunter, im Schlepp eine Horde johlender Mädchen und Jungs, die wissen, dass die Sommerfrischler schwimmen gehen und sich sonnen, ohne etwas am Leib zu tragen.

Aber Marko täuschte sich. Das Haus, das er sich ansah und dessen Bewohner und illustre Sommerfrischler er sich vorstellte, war zwar noch immer das Haus, in dem drei Sommer lang von Ende Mai bis Ende August Ernst Ludwig Kirchner gewohnt hatte, aber es war zugleich ein anderes. Als in den Dreißigern der Turm, an den das Haus unmittelbar anschloss, aufgrund starker Witterungsschäden ausgebessert werden musste, trug man Leuchtturmwärter Lüthmanns Wohnhaus mitsamt Gästewohnung Stein für Stein ab und baute es dreißig Meter weiter frei stehend wieder auf. Marko war zuerst zum Weinen zumute, als er davon erfuhr; aber die Wehmut hielt nicht lange an. Eigentlich konnte er über diese Verschiebung nur froh sein. Wenn mein Blick nichts mehr entdecken kann, sagte er sich, kümmert mich schon bald ebenso wenig, was ich sehe.

Aus der Vogelperspektive betrachtet, ist Kirchners Fehmarn winzig. Er kannte lediglich den äußersten Südosten, nicht mal ein Viertel der Insel: Burg, Burgstaaken, Staberdorf, Staberhuk, Wulfen, die Dörfer und Weiler dazwischen, den Wulfener Hals. Mehr dürfte er von Fehmarn nicht gesehen haben. Versteckt in den Fußnoten kunsthistorischer Untersuchungen gibt es einen Hinweis darauf, dass ausgerechnet der junge Peter Wiepert derjenige gewesen sein könnte, der Ernst Ludwig Kirchner als Erster die Südostspitze Fehmarns zeigte. Wiepert war in jungen Jahren kunstinteressiert und stand auf der Insel im Ruf, neben ihrer Geschichte auch ihre schönsten Flecken zu kennen. Allerdings ist Wiepert keine verlässliche Quelle, und außer ihm selbst – zudem fehlerhaft, er irrt sich im Jahr von Kirchners erstem Inselaufenthalt – erwähnt niemand, dass er, der spätere Nazihelfer, und der später als »entartet« verfemte Maler zusammen über Fehmarn wanderten.

Es gab kein Gefährt, das Kirchner an den Flügger Strand, nach Petersdorf oder Puttgarden hätte bringen können, kein Automobil und kein Fahrrad. Wurde eine Kutsche benötigt, so schickte man einen Jungen los, der im Dorf Bescheid sagen lief. Aber der Berliner Maler und seine Begleitung fragten so gut wie nie nach einer Kutsche. Wenig später, im ersten Kriegsjahr, war Kirchner für ein paar Monate Kraftfahrer in einem kaiserdeutschen Artillerieregiment, auf Fehmarn aber ging er zu Fuß. Fast alle Bilder dieser drei letzten Inselsommer vor Kriegsausbruch entstanden so in Sichtweite vom Staberhuk, die meisten zeigen die Küste, badende junge Männer, Frauen und Kinder, verlassene Strandabschnitte, Steilhänge, Seevögel und Ufergehölze auf dem Weg nach Katharinenhof, wo einige nicht sehr tiefe, stille Buchten liegen, darunter Kirchners *Mexikobucht*, die nur er so nannte und nur er malte. Im Hintergrund immer wieder das Leuchtfeuer; mal rot, mal gelb, mal grün erscheint der Turm. »Für das farbige Bild gilt nicht die Eigenfarbe der Dinge«, schreibt Kirchner. »Sie ändert sich mit ihrer Beleuchtung und Nachbarschaft anders gefärbter Dinge.« Fehmarn, das mag für ihn jenes viel zitierte »irdische Paradies« gewesen sein, der Grund aber, die Insel so zu sehen, dürfte für den an Nutzdenken, Enge und Gleichförmigkeit Verzweifelnden eine Vielfalt im Einfachen gewesen sein, die er zeitlebens nur an drei Orten fand: an den Moritzburger Teichen bei Dresden, an der Ostsee auf Fehmarn und in den Alpen rund um Davos. Von Fehmarn schrieb er in einem Brief: »Ich male so viel wie möglich, um wenigstens etwas von den tausend Dingen, die ich malen möchte, mitzuschleppen.«

Folgt man dem Uferweg, auf dem Kirchner zahllose Male ging, dann kommt man recht bald an einem Knick entlang in den einzigen Wald auf Fehmarn. Im Staberholz stehen heute auffällig viele Laubbäume mit in die Borke geritzten Initialen, und überall in die Rinden geschnitten sind Jahreszahlen, von denen einige zurückreichen bis in die Zeit kurz nach dem Zweiten Weltkrieg, als Fehmarn Teil der britischen Zone war. Einst mag das Staberholz ein echter Küstenwald gewesen sein, heute ist es nur mehr Wäldchen, Gehölz. Fünf Minuten, schon ist man durch. Es ist ein geisterhafter, seelenvoller Ort, dieses Wäldchen am Meer, in dem ich nie einem Menschen begegnet bin, das aber voller Vögel ist, kleiner, größerer und sehr großer. Am Himmel segeln Bussarde; Habichte tauchen aus einem Wipfel, huschen hinüber und verschwinden im nächsten. Über den Bäumen kreist derselbe Taubenschwarm, der sich bei Sonnenuntergang auf dem Leuchtturm niederlässt, bis vom Sund die Seemöwen zurückkommen und laut warnend alles vertreiben, was Flügel hat und keine Möwe ist. Einmal, nach tagelangen Regenfällen Anfang August, sahen Marko und Franka in der unvermittelt zurückgekehrten Sommerhitze über den Weizenfeldern am Staberholz Tausende blaue Elfen gaukeln, Schlanklibellen und Azurjungfern, die in der Luft knackend aneinanderstießen, und dasselbe leise Geräusch hörte man aus dem Weizen, an dessen Ähren die von der Sonne getrockneten Hülsen aufplatzten.

Wenn man an der Straße zum Turm aus dem Wald tritt, sind in nordöstlicher Richtung in der Ferne die Giebel von Gut Staberhof zu sehen. Die große von Kirchner gemalte Scheune, die auf dem Bild noch hundert Jahre später unverändert sonderbar erscheint durch das helle, warme Gelb, in das er sie tauchte, sieht man über die Felder und Knicks hinweg zwar nur von hinten, doch sie ist unverkennbar. Zwanzig Minuten dauerte Markos und Frankas Fußmarsch mit den Kindern, dann traten sie auf den fußballplatzgroßen Wirtschaftshof des früheren Gutes. Das Mauerwerk der echten Scheune ist mit einem schmutzigen Blassrosa übertüncht, sie wirkt bucklig und alt. Die wirkliche Scheune war in Markos Augen immer schon Kirchners.

Das Gutshaus im Rücken, sahen sie sich die Torscheune und deren Barockgiebel an. Viel Zeit, das wussten sie vom Hörensagen, würden sie nicht haben. Die Scheune gehörte zu einem Ferienhof, und dessen Angestellte mussten im Lauf der Zeit eine Art Kirchnertourismus-Aversion entwickelt haben. Marko und Franka wurden mit bissiger Höflichkeit von einem Mann in Gummistiefeln vertrieben, der mit einem schweren Citroën vorfuhr. Cat pflaumte den Mann an, die Scheune sei sowieso doof.

Nach Poppys Ansicht sah die Staberhofer Torscheune »supermexikanisch« aus, und David fand wie Franka am merkwürdigsten den großen Pfosten, der rechts im Schatten der Scheune steht und auf dem oben ein Taubenhaus angebracht ist.

»Der Taubenpfahl«, sagte Marko. »Gibt davon nur noch wenige auf der Insel, weißt du noch, Cat, wo wir einen gesehen haben?«

Allein mit Catinka hatte Marko die Lemkendorfer Segelwindmühle besichtigt, und vor der alten Mühle ragte ein hellblau und weiß lackierter Taubenpfahl in die Höhe.

»Jachen Flünk«, sagte Cat, die so gut wie nichts vergaß.

Jachen Flünk heißt die Lemkendorfer Windmühle, »Jagende Flügel«.

Der Mann stieg aus dem Citroën, der an die Katze erinnerte, das frühere Auto von Markos Eltern, aber er ließ nicht mit sich verhandeln, und dieser Ernst Ludwig oder Ernst Ludwig Kirchner schien ihm absolut schnuppe zu sein.

»Wenn Sie keine Gäste sind, verlassen Sie bitte den Hof. Da hinten steht das Schild: Privatgelände.«

Als sie zurückgingen zum Parkplatz an der Steilküste, sagte

David: »Garantiert mag der den Maler noch lieber als du, und darum will er die Scheune ganz für sich allein haben.«

In der Hamburger Kunsthalle sah ich Markos Gesicht gespiegelt in dem Schutzglas vor Kirchners Gemälde. Reglos stand er davor, aber seine Blicke wanderten, flogen geradezu kreuz und quer über das Bild. Für ihn war es ein fortwährendes Rätsel.

Gelb erstrahlen die Torscheune, ihr Giebel und Dachtürmchen, aber auch der Hofplatz und ein Nebengebäude. Da eine Baumgruppe neben der Scheune gleichfalls leuchtend gelbe Stämme aufweist, entsteht der Eindruck, dass ein hellgoldenes Licht auf die Szene fällt; es ist warm, voller Kraft, wahrscheinlich ist es das für Fehmarn typische Abendlicht, das Kirchner in seine Malerei zu übersetzen versuchte. Der Betrachter blickt schräg, von merkwürdig weit oben, schwebend wie eine Traumgestalt Chagalls, auf die Fassade der Scheune und den davorliegenden Hof und sieht, darüberhin schreiten zwei Gestalten, grau, schmal, schattengleich. Vielleicht eine Frau im Sommermantel, mit einer Feder am Hut, daneben ein Herr im Gehrock; er geht einen Schritt schneller als sie, scheint mit seinem Stock oder zusammengefalteten Schirm auf etwas zu zeigen und weckt damit zugleich Neugier und Vorsicht in seiner Begleiterin.

Ernst Ludwig Kirchners Bild *Gut Staberhof, Fehmarn I*, das er im Sommer 1913 kurz nach dem Zerbrechen der Künstlergruppe Brücke malte, ist nur zum Teil wegen seiner Farbgebung rätselhaft. Seinen phantastischen Raum öffnet das Gemälde vor allem aufgrund der von Kirchner gewählten Perspektive. Es ist kein realer Blickwinkel, sondern ein imaginierter. Der Betrachter scheint auf dem Dach des Gutshauses zu stehen und in die abendliche Leere des Wirtschaftshofes hinunterzublicken. Marko hatte stets den Eindruck – und das war es, was ihn an dem Bild so verstörte –, er würde alles, was dort unten rings um die geisterhaft gelbe Scheune geschieht, als umherflatternde Taube betrachten.

Er las viel über das Bild, fand aber nirgendwo, was er darin sah. Eine Zeit lang fragte er sich, ob das von Kirchner dargestellte Licht nicht das des nahen Leuchtturms sein konnte, auch wenn die Scheune andersherum gestanden haben müsste, damit die Turmlaterne sie hätte derart grell anstrahlen können.

Sehr vernünftig, zu vernünftig fand ich diese Sichtweise.

Für Marko war das Bild nicht bloß ein Abbild. Es zeigte nicht, was Kirchner auf Fehmarn sah, sondern eher, was er sich vorstellte, wenn er an die Insel dachte und den Empfindungen im eigenen Innern nachspürte. Dieser Suche verlieh das Bild Ausdruck, es war das Bild einer Seelenlage, ein Seelenbild, rasch hingeworfen, scheinbar binnen Minuten, und berauscht auch von sich selbst. Die beiden dargestellten Figuren schritten mitten durch das Leuchten, sie schienen fast am Ziel. War es möglich, dass das Paar auf den Taubenpfahl zuhielt?

Das Taubenhaus auf seinem Pfosten hat zwei Giebel, es ist grau und das Einzige, was auf dem Bild im Schatten liegt – Kirchner malte es erstaunlich detailgenau in die rechte obere Bildecke. Ein knappes Dutzend Tauben flattern umher oder sitzen auf Scheunendach und Taubenpfahl.

Marko empfand das Bild zwar als verstörend, doch er liebte es auch; für ihn gab es keine stimmigere Darstellung vom Wesen Fehmarns als Kirchners Gemälde mit der großen gelben Scheune. Auch das ländliche Leben ist verloren gegangen an die Unwirklichkeit – das schien ihm das Bild von Gut Staberhof zu sagen. Bestimmt war es demzufolge auch ein Rettungsversuch. Denn ähnlich wie Franz Marc oder Marc Chagall hatte Kirchner viel darangesetzt, sich und den Betrachtern seiner Bilder den naiven Blick zu bewahren.

Für Marko war es eher der unverstellte Blick des Kindes, doch er war ebenso einverstanden mit der Deutung der Kirchner-Koryphäe Donald E. Gordon, dessen Werkdarstellung zu lesen Kolja ihm ans Herz legte. Gordon war Professor an der University of Pittsburgh gewesen und hatte über *Gut Staberhof, Fehmarn I* geschrieben, »das vitalistische Ausbrechen der Gebäude und Bäume in verschiedene Richtungen« sowie »der orientalische Blickpunkt, der den Menschen im monumentalen Maßstab der Natur zum Zwerg macht«, seien auf dem Gemälde »Attribute eines im hohen Maß verfeinerten Pantheismus«. Die Tauben, ob sie nun göttlich waren oder nicht, ließ Gordon unerwähnt, und die Vermutung, das Bild könnte aus der Vogelperspektive gemalt sein, hatte der Professor wahrscheinlich x-mal gelesen, dargelegt, hinterfragt, bewiesen und verworfen in Artikeln, Diplomarbeiten, Monografien, Doktorarbeiten, Biografien. Hatte Gordon Fehmarn besucht? Er war drei Jahre älter als Markos Vater und nur ein Jahr älter als Jürgen Becker. Aber er starb schon 1984 an Krebs, mit erst dreiundfünfzig. Seine noch heute maßgebende Kirchner-Darstellung erschien 1968, demnach wäre er wohl schon zehn Jahre, bevor ich zum ersten Mal dort war, auf der Insel gewesen, dachte Marko. Aber vielleicht kam er ja öfter nach Fehmarn. Vielleicht waren wir in einem lange vergangenen Sommer gleichzeitig dort. Auch für Donald E. Gordon dürfte es einzelne Bilder und Bilderzusammenhänge gegeben haben, die ihm ein dauerndes Rätsel blieben, und vielleicht hatte er die Ostseeinsel ja sogar ins Herz geschlossen, so wie Kirchner, so wie Marko, so wie ich, und dachte genauso, sobald er im Sommer Taubengurren hörte: Mein Fehmarn, Fehmarn mein.

Aufgrund des kaiserdeutschen Seerechts wurde Fehmarn bei Kriegsausbruch Sperrgebiet. Die Insel wurde wieder Insel, alle Sommergäste und Besucher hatten sie am 1. August 1914 unverzüglich zu verlassen, nur die Fehmarner – oder Fehmaraner – durften bleiben. Die Koffer voller Holzschnitte, Fotoplatten und zusammengerollter Leinwände, reisten auch Erna Schilling und Ernst Ludwig Kirchner ab, anders als die meisten anderen aber kamen sie nie wieder zurück.

»Outsider hier, Outsider da«, schrieb Kirchner. Er wird Kraftfahrer der Artillerie. Er versteht sich als »unfreiwillig Freiwilliger« und kann der Kriegseuphorie so vieler Malerkollegen nichts abgewinnen. Im Berlin-Steglitzer Atelier lichtet er sich in absurden Posen mit Uniform und Helm ab. Kaiserdeutscher Soldat ist er nur für wenige Monate, dann flieht er vor dem Drill in die Depression, wird als »vorläufig dienstuntauglich« entlassen und betäubt die zunehmende Zerrüttung erneut mit Rauschgift. Zu den vor Anspannung beißenden Bildern, die er während seiner Rekrutenzeit in Halle an der Saale malt, gehört *Selbstbildnis als Soldat*, das ihn mit abgehackter rechter Hand vor einem Akt Erna Schillings zeigt. Aus Angst vor der erneuten Einberufung arbeitet er nur nachts und isst so gut wie nichts mehr, »man ist schrecklicher dran als jede Kokotte«, schreibt er im Herbst 1915, und wenig später, kurz vor seinem Zusammenbruch: »Der Krieg reißt immer mehr ein. Man sieht fast nur noch Masken, keine Gesichter mehr.«

Wie sehr Fehmarn ihm gerade in dieser schweren Zeit durch den Sinn ging, zeigen Bilder, die Ernst Ludwig Kirchner im Juli 1916 malte, als er bereits ein halbes Jahr lang Patient von Dr. Oscar Kohnstamm in dessen Sanatorium in Königstein im Taunus war. »Ich bin hier so furchtbar einsam unter so ganz anders fühlenden Menschen, daß es so wohl tut, wenn man Dinge lesen kann, die die kulturellen Bürger heute halten … Sonst bin ich sehr, sehr nervös und tot und habe einen unerträglichen Druck auf dem Gehirn«, schrieb er Ende März 1916 aus Königstein, kurz bevor der renommierte Neurologe Kohnstamm festhielt: »Bei Herrn Kirchner handelt es sich abgesehen von einer allgemeinen Schwäche seiner Konstitution, um einen nervösen Erregungszustand, bei dem Schlaflosigkeit und Mißbrauch von Schlafmitteln im Vordergrund stehen. Seine Erregung wird ständig unterhalten durch die Erinnerung an die Militärzeit und das was damit zusammenhängt.«

Kohnstamms therapeutische Maßnahmen sind fortschrittlich. Zum Sanatorium gehört eine Gymnastikhalle, es gibt Korbflechtstunden und einen Gemüsegarten. Man ertüchtigt sich, geht spazieren im Park unter Obstbäumen oder spielt Schach in einer der schönen Heckennischen. In der Ferne ist über dem Taunus manchmal ein Gewitter, nie aber Geschützdonner zu hören. Flandern, Ypern, die Westfront, 300 Kilometer entfernt. Zu Kohnstamms Bekanntenkreis zählt Stefan George, der zu dieser Zeit dichtet:

»Zu jubeln ziemt nicht: kein triumf wird sein·
Nur viele untergänge ohne würde..«

In Königstein behandeln lassen sich auch Architekt Henry van de Velde und Komponist Otto Klemperer. Ihn zeichnet Kirchner und schneidet sein Porträt am Klavier in Holz, eindringliche und so lebendige Bildnisse, dass sie Kohnstamm dazu bewegen, den von der Nachricht, dass bei Verdun Franz Marc getötet wurde, noch immer schwer mitgenommenen Künstler mit einer besonderen Aufgabe zu betrauen. Im Sommer 1916 malt Kirchner daraufhin mehrere Wochen lang das würfelförmige Treppenhaus des »Brunnenturms« im Sanatorium aus. Für die fünf verschieden großen lichten Wandflächen entwirft er Badeszenen von der Insel Fehmarn.

Ich sehe Markos bestürztes Gesicht vor mir, als der freundliche Institutsangestellte die kleine Besuchergruppe in den Brunnenturm führt und sie dort allein lässt. Kirchners Gemälde sind von den Wänden getilgt. Man geht umher, betrachtet die vor das zernarbte Mauerwerk gespannten Leinwände mit den groß gezoomten, in Blassrosa, Schwarz und Weiß daraufgedruckten Fotografien der zerstörten Originale und versucht, wo immer möglich, einen Blick unter die Textilbehänge zu werfen.

Marko stellt sich Kirchner in diesem Raum beim Malen vor, auf einem hölzernen Gerüst, vor fast genau einem Jahrhundert, und malt sich die Männer aus, die gut zwei Jahrzehnte später in Schutzkleidung, mit Kappen, auf Leitern stehend, alle Farbe von den Wänden waschen und noch die letzten Reste mit Spachteln vom Putz kratzen. Ich lese, Kirchner führte die Entwürfe für seine Fehmarner Wandgemälde auf zusammengeklebten Packpapierbogen aus und benutzte zum Übertragen der Figurenkonturen, der Wellen-, Boots-, Vogel-, Felsen-, Strand- und Pflanzenumrisse ein Schneiderrädel mit einem daran befestigten Stück dunkler Kreide. An manchen Stellen sieht man im Wandputz noch die feinen Lochlinien, die Kirchners Kreiderädel dort hineingedrückt hat. Sechzehn im Meer Badende, sieben Männer, sieben Frauen, zwei Kinder, alle nackt, alle ausgelassen, neugierig, heiter, und über den Badegästen am Sund sieben Vögel, Seemöwen, dazu am Horizont drei Dampfboote und etwas näher zwei Segelboote. Wer auf Kirchners Spuren Fehmarn besucht und dabei unterhalb des Staberhuker Leuchtturms im Schatten der Steilufer einmal auf dem mit Felsen übersäten Strand gestanden und Richtung Südosten über die See geblickt hat, erkennt nach einiger Zeit alles auf den Reproduktionen der zerstörten fünf Wandbilder wieder – die Felsen, den Sand, das Gras, die See und die Möwen, sogar die Wolken. Das Mittelgemälde des Polyptychons stellt zugleich ein Selbstbildnis dar, wenn auch ein verstecktes. Auf einem davonfahrenden Boot steht vor dem sich im Seewind blähenden Klüversegel ein dunkel gekleideter Mann und wirkt wie ein Maler vor seiner Leinwand. Eine der nackten Frauen scheint ihm vom Strand aus entgegenzueilen und streckt Arme und Hände nach ihm aus. Aber der Segler dort hört schon nicht mehr, und nichts kann ihn aufhalten.

Möglich ist jedoch ebenso, dass Kirchner mit dieser rätselhaften Figur eines Entschwindenden an einen engen Freund erinnern wollte, der eine Woche vor Fertigstellung der Königsteiner Wandmalereien sein Leben verlor. So wie ein Vierteljahr zuvor Franz Marc wurde am 9. Juli 1916 Hugo Biallowons unweit Verduns getötet, und Ernst Ludwig Kirchner wird sich beim Malen der Fehmarner Badenden bestimmt auch der Fotos erinnert haben, die er nur ein halbes Jahr zuvor in seinem Atelier machte, Bilder voll anarchischer Dynamik und Lebensfreude, die den Freund beim Nackttanz zeigen, während man im Regal den Artilleristenhelm liegen sieht.

Kirchner muss es in diesem sogenannten Großen Krieg vorgekommen sein, als hätte er gegen die Malerei selbst ins Feld ziehen sollen. Beinahe alle Künstler, die er bewunderte und denen er nacheiferte, malten in Frankreich, Holland und Belgien. Vergiss nicht, wer damals alles in Paris lebte, denkt Marko. Als Kirchner hier stand und malte, schrieb Proust gerade *Im Schatten junger Mädchenblüte.* »Die wahren Paradiese«, schrieb er, »sind die verlorenen«, und das mag auch Kirchner gedacht haben, als er seine Wandbilder von Fehmarn malte.

Empört fragt Marko den zurückgekehrten Institutsangestellten, ob er wisse, was Kirchner schrieb, irgendwann im Krieg. »Wie die Kokotten, die ich malte, ist man jetzt selbst. Hingewischt, beim nächsten Male weg.« Fünf Wandgemälde von Badenden! Auf Geheiß irgendeines Nazischergen zerstört für immer. Einfach zum Weinen.

Vieles in dieser Zeit sei sehr traurig gewesen, sagt der Institutsangestellte und weist darauf hin, dass Dr. Kohnstamm Jude war. Sein Sohn fiel im Ersten Weltkrieg. Kohnstamm selber erlag 1917 einem Blinddarmdurchbruch. Das Sanatorium wurde Lazarett. Das Lazarett wurde Sanatorium. Lange stand es leer. Die leer stehende Villa wurde von der Post erworben und Lehrstätte. Auch die Lehrstätte des Posttechnischen Zentralamts stand lange leer. Die leer stehende Fernmeldeschule wurde saniert, wurde Ausbildungsinstitut. Das Institut schult heute Manager. Es sei eines der bestausgestatteten Tagungshotels in Europa.

Welche Kinder schwebten Kirchner vor, als er die zwei Jungs auf die Wände malte? Vielleicht waren ihm in Königstein die Kinder von Leuchtturmwärter Lüthmann wieder eingefallen.

Auch wenn weder Marko noch sein Sohn nackt im Meer gebadet haben, erinnert ihn der nackte Mann, der mit dem nackten Jungen an der Hand auf einem der Wandbilder ins Wasser geht, auf sonderbare Weise an sich selbst und an David, als der noch klein war.

Kirchner benutzte Leimfarben, rührte sie an zu Hellblau, Türkisblau, Dunkelblau und Grünblau. In Gelb, Grün und Ocker malte er den Strand, in den Farben Fehmarns. Secco-Technik.

Die Bilder seien keine Fresken und daher vergleichsweise einfach von den Wänden zu waschen gewesen.

Aus welchem Grund ließ man sie 1926 fotografieren, und weshalb in Farbe? Eines Tages rückte der Großherzoglich-luxemburgische Hofphotograph Franz Schilling an und lichtete die Königsteiner Brunnenturmwände ab. Die Farbfotoplatten verschwanden in seinem Archiv und blieben dort unbemerkt für den Rest des Jahrhunderts.

NSDAP-Kreisleiter im Obertaunus war 1937 ein gewisser August Weß. Im Sommer 1937 wurden Ernst Ludwig Kirchners Kunstwerke als »entartet« verfemt, mehr als sechshundert Gemälde beschlagnahmte oder vernichtete man, wenn etwas nicht wegzuschaffen und gleich oder später zu Geld zu machen war. 1938 ließ Weß die »Verfallskunst« an den Wänden des jüdischen Sanatoriums vernichten, dafür brauchten seine eilfertigen Handlanger einen Vormittag und einen Nachmittag. Natürlich taten sie ihre Pflicht, das ist ja das Unfassbare, das nicht wiedergutgemacht werden kann. Sie wussten nicht, und es hätte sie nicht gekümmert, dass im selben Jahr der Maler der Wandbilder im Schweizer Exil bei Davos seinem Leben ein Ende setzte. Ernst Ludwig Kirchner schrieb 1931 in seinem Aufsatz »Über Leben und Arbeit«: »Jedes Bild, das ich schaffe, hat seinen Ursprung in einem Naturerlebnis. Hier gilt mir der Satz Dürers: Alle Kunst kommt aus der Natur, wer sie heraus kann reißen, der hat sie. Natur ist für mich alles Sichtbare und Fühlbare in der Welt, der Berg wie das Atom, der Baum und die Zelle, die ihn baut, aber auch alles von Menschen Geschaffene, wie Maschinen usw. Alle biologische, technische, wissenschaftliche Erkenntnis ist wertvoll für meine Arbeit, doch ist mein Verhältnis ein durchaus anderes zu ihr als das des Biologen oder Ingenieurs. Das moderne Licht der Städte, in Verbindung mit der Bewegung der Straßen, gibt mir neue Anregungen. Es breitet sich eine neue Schönheit über die Welt, die nicht in der Einzelheit des Gegenständlichen liegt. Durch die Schulung an diesem so reichen Problem bekam auch die freie Natur draußen ein anderes Gesicht für mein Auge.«

6 Die versteinerte Gitarre

Karlheinz Mackeprang hatte einen Händedruck, der jeden Gitarristen das Fürchten lehrte. Wenn es ans Begrüßen oder Tschüssagen ging, nahm der sonst wenig zimperliche Wolf Reißaus und winkte dem Bauern mit der Zangenpranke von fern zu. Wolf fragte Marko, ob er sich das Liebesleben der Mackeprangs vorstellen könne, denn wenn es sein musste, drängte Dagrun Mackeprang unter dem Stalltor mit der Hüfte auch mal ein Shetlandpony zur Seite, und das kleine Pferd blickte dann eine Zeit lang ziemlich trübsinnig in die Welt.

Auf dem Schlagsdorfer Hof machten Marko, Franka und Wolf mit ihren Mädchen mehrere Sommer in Folge Ferien. David war ein großer Junge geworden, ein junger Mann fast, Polizist wollte er werden, oder Psychologe, oder beides, und schrieb ab und an ein düsteres archaisches Gedicht, mit dem er bei seinem Vater Erstaunen und Bewunderung weckte. David überspielte seine Feinfühligkeit noch oft mit Posen, gerade seine Unsicherheit aber schien Mackeprangs jüngster Tochter zu gefallen, die Sarina hieß und sehr hübsch war. Gegen Mitternacht, wenn das Mädchen hineinmusste, kam David ins Haus geschlichen, hatte Stroh im Haar, wunde Lippen und einen fiebrigen Blick. Dennoch kam er bald nicht mehr mit auf die Insel, sondern flog schon in dem Sommer, als er volljährig wurde, lieber mit Freunden nach Nizza und später Ibiza.

Sarina saß abends oft allein im Scheuneneingang und redete mit den Pferden.

»Wer glücklich ist, macht andere unglücklich«, sagte Wolf, dessen »Liebesbiografie«, wie er sich ausdrückte, ab und an durchaus glücklich, im Großen und Ganzen aber »eher zerrüttet« war. Hin und wieder erhielt Wolf Besuch von einer Frau, während er mit Annie und mit Marko und dessen Familie auf Fehmarn den Sommer verbrachte, und immer waren es Frauen, die von den Mädchen so umstandslos ins Herz geschlossen wurden, wie sie aus Wolfs Leben wieder verschwanden.

Marko mutmaßte von dem Freund schon länger, dass der sich entschlossen haben könnte, fortan lieber allein zu bleiben. Ja, Wolf schien mit dem Glücklichseinwollen abgeschlossen zu haben. Lieber wollte er »in Ruhe das eigene Ding auf die Beine stellen«, und für diese angestrebte Ruhe war ihm Fehmarn anscheinend das Modell.

Franka kannte Wolf länger als Marko. Als Tochter eines Meeresbiologen – eines Rifffischspezialisten und Korallenforschers – hatte sie viele exotische Winkel der Welt kennengelernt, war auf Kuba, in Tibet und auf den Fidschi-Inseln gewesen, und vielleicht deshalb empörte es sie, wenn Wolf seine »Rocker-Erkenntnis«, wie sie sagte, einem Teenager wie David überstülpte. »Der Junge muss doch wohl die Welt sehen! Wenn er irgendwann selber Kinder hat, wird ihm Fehmarn einfallen, dann kommt er wieder.«

In vielem erinnerte das Kommen und Gehen, das laute Hin und Her und stumme Vor-sich-hin-Gewerkel auf dem Mackeprang-Hof an den der Richardsens. Aber das wussten Franka und Wolf nicht, die eigene Erinnerungen mit der Insel verbanden. Franka begann zu malen, sobald sie nach Fehmarn kam, und spürte der Frage nach, warum das so war. Wolf war fast zehn Jahre älter. Als er selber ein Teenager gewesen war, hatte er hier Jimi Hendrix' letztes Konzert erlebt – und zum ersten Mal Rio Reiser, noch vor dessen Zeit als Sänger von Ton Steine Scherben.

»Macht kaputt, was euch kaputt macht«, sagte Marko trocken und dachte an Kolja, der das Lied der Scherben verabscheute, weil es für ihn nur Autonomengegröle darstellte.

»Rote Steine«, sagte Wolf, »so nannte Rio seine Band 1970.«

Und Marko? Auch er suchte nach Vergleichen und wollte das Vergangene nicht einfach für aus und vorbei erklären. Viele Sommergäste, viele Sommerinselkinder auf Mackeprangs Hof kamen ihm bekannt vor. Alle oder fast alle hätten zum Einfahren der Strohballen auch auf Richardsens Feldern gewesen sein können. Ich lebe zwar immer auch in meinen Erinnerungen, sagte er sich. Ebenso wichtig war ihm mit den Jahren aber geworden, mitzuerleben, wie seine eigenen Kinder die Insel ins Herz schlossen. Poppy, Cat und Wolfs Annie hatten auf Fehmarn lange Freude am Reiten; in den Ställen und auf den Weiden lernten sie, mit den Tieren umzugehen und ihnen mit gebührendem Respekt zu begegnen.

»Sie sind nicht unsere Diener«, sagte Annie, »auch nicht unsere Freunde. Sie sind eher unsere Begleiter, und wisst ihr, warum? Weil ich auf einem Pferd ja manchmal wirklich nur so dahingleite.«

Marko war in der Nähe von Pferden schon immer mulmig gewesen. Nur aus der Ferne bestaunte und bewunderte er die Tiere, von denen manche Furcht einflößend groß waren und auf denen die Mädchen so vertrauensvoll erst im Kreis und dann irgendwann vom Hof ritten. Womöglich ganz so, wie ihr Vater den Fendt des alten Raulf Richardsen geliebt hatte, liebte Poppy den Rappen Nero, den sie striegelte, bis er glänzte wie eine Fensterscheibe, und der ihr auf ein Wort hin den Huf in die Hand legte, damit sie sein Eisen säuberte. Auch Catinka ritt gern, Pferde fand sie »sehr stark und sehr toll«, für sie gab es aber nichts Schöneres als Hühner. Einen halben Sommer lang wollte sie selbst ein Huhn sein, wollte Ruru heißen und beschloss, nie wieder einen Vogel zu essen. Mit Annie und manchmal Franka hockte Cat stundenlang in ihrem Lieblingsroggenfeld. Dort saßen sie, lauschten dem Wind, wie er durch die Halme strich, und erzählten einander Geschichten.

Dagrun Mackeprang fuhr gern mit einer Tochter oder Freundin nach Hamburg ins Ohnsorg-Theater. Sie mochte es, sagte sie, den alten Passat über die A1 zu prügeln. Wenn in ihrer Freizeit schönes Wetter war, lag sie spärlich bekleidet im Garten auf dem Rasen und las Bücher, die aus der Ferne alle gleich aussahen. Sie hatte, erfuhr Wolf, ein literarisches Faible für Kahmus, den sogar der Vielleser Marko nicht kannte, denn jahrelang begriff er nicht, dass Dagrun Mackeprang alles von Albert Camus verschlang, was ihr in die Hände fiel.

Auf der Terrasse des Ferienhauses am Rand des Mackeprang-Hofs hörten Wolf und Marko eines Nachmittags alte CDs, darunter *Boys Don't Cry* von The Cure, und als *Killing An Arab* in den Garten und auf die Fußballwiese hinausschallte – dorthin, wo abends nur eine Waldohreule rief, die mit ihren Jungen in den Apfelbäumen saß –, erschien wie durch ein Portal zu einem zweiten Universum Dagrun auf ihrer Fuchsstute. Gleich einer Zentaurin kam sie geschritten, hielt das Pferd an und rief strahlend herunter: »Das Lied! Der Text … Wussten Sie, Wolf, dass es in dem Lied um das Buch von Kahmus geht, *Der Fremde*?«

Nein, das war Wolf nie aufgefallen. Marko fragte sich zum ersten Mal, ob der Freund wohl etwas mit Dagrun Mackeprang anfinge, wenn sich die Gelegenheit dazu böte.

»I'm alive …

I'm dead …

I'm the stranger …«

Warum, Himmel, ist dir das nie aufgefallen, Marko?

Er fragte sich, ob Albert Camus je auf Fehmarn gewesen sein konnte, und rechnete: 1957, zur Entgegennahme des Nobelpreises in Stockholm, wird er mit der Eisenbahnfähre von Travemünde aus über die Ostsee gefahren sein. Denn Camus stieg in keinen Flieger, er hatte Flugangst, und die Fehmarnsundbrücke gab es seinerzeit so wenig wie die Fährverbindung zwischen Puttgarden und Rødby.

Was gab es für Marko noch Neues zu entdecken auf Fehmarn? Wollte er überhaupt Neues dort entdecken?

Die Insel hatte sich verändert. Was inzwischen Entschleunigung hieß und zwanghaft wirkte, war in Markos und Frankas Inselkindheit ungeschriebenes Gesetz gewesen: Lass dir Zeit, nur die Ruhe. Keiner hatte die Katze zum Schnellerfahren gedrängt, wenn Markos Mutter mit dreißig Stundenkilometern, heruntergekurbelten Seitenfenstern und schallend laut gestelltem Schlagersender zum Großeinkauf nach Petersdorf gondelte. Heute gab es Verkehrsstaus, die die ganze Schnellstraße blockierten, von der Brücke bis zur Fähre. Auch das Gewerbemischgebiet von Burg sah aus wie eines in Wyoming. Chinesischer Massenramsch flutete die Geschäfte. Überall Surfer-, Kiter-, Trekking-Shops. Überall hieß es »Krabben satt« und »All you can eat«, alles war mega und giga, alles inklusive, ausgenommen Stil und Flair und Geschichtsbewusstsein. Moderne Traktoren waren fast größer als früher die Mähdrescher. Riesige weiße Windräder überall am Horizont. Und an jedem Ortsschild und vor jedem zweiten Haus oder Abenteuerferienbauernhof das meerblaue X der Beltquerungsgegner.

Marko ertappte sich dennoch immer wieder bei einem wohligen Gefühl, wenn er dachte, dass sich auf der Insel eigentlich nichts von dem geändert hatte, was ihm immer wirklich wichtig gewesen war, nicht die Ruhe, nicht die Geräusche, nicht die Sonne, nicht die Wärme, nicht die Kinder, Farben, Vögel oder Dünen, nicht die Wellen und schon gar nicht die Fledermäuse und die Sternbilder nachts in der endlosen Schwärze über den leise summenden Feldern.

»Schützt eure Dünen!« stand unübersehbar, in geschwungenen Lettern, auf einer halb ausgeblichenen Tafel, die aus dem blassen Dünengras am Niobe-Denkmal ragte, und daran hatten wir uns zu halten versucht, Franka, Wolf, Marko, ich, wir hatten unsere Dünen geschützt vor der Brandung der stumpfsinnigen Gleichmacherei.

»Die ganze See«, sagte Karlheinz Mackeprang, »voller Monsterkrabben, die aus Norwegen kommen und nach Süden wandern, immer am Grund lang, Milli-ohnen. Geht's zum Baden heute, Herr Marko, Herr Wolf, zum Grünen Brink, ja? Denn man tau.«

Cat rannte quiekend davon.

Der Bauer zeigte seine obligatorische Zahnlücke.

»Diese Wollhandkrabben, die man ab und an beim Chinamann kriegt, auch in Burg«, sagte Mackeprang, »die sind winzig dagegen.«

Annie rannte quiekend davon.

»Wat hebb'n de Deerns denn?« Zahnlücke.

»Kennen Sie Richardsens aus Hinrichsdorf?«

»Kennen tu ich viele Richardsens«, gab er zurück.

»Auch aus Hinrichsdorf?«

»Kennen tu ich Klaas.«

»Den mit dem Finger.«

»Kann sein. Finger hebb ick ok.«

»Aber nicht am Mähdrescher abgeschnitten, und auch nicht Finger im Mund von Ihrem Vater.«

»Kann sein. Klaas Richardsen ging auf meine Schule. 'n guter Jung. 'n guter Mann. Versteht was. Kann.«

»Ja, ich weiß. Klaas konnte immer viel.«

»Kann fast all'ns«, sagte Karlheinz Mackeprang, der mit bloßen Händen ein Fahrrad hätte auseinanderreißen können. »Schon mal von Jürgen Blin gehört? Scheinen mir ja so 'n Geschichtenaufschreiber zu sein.«

»Jürgen Blin?«

»Muhammad Ali?«

»Muhammad Ali. Ja. ›Gras wächst, Vögel singen, Wellen spülen Sand weg, ich verprügele Leute.‹ Den Ali meinen Sie?«

»Kann sein«, sagte Herr Mackeprang. »Auf Fehmarn, mein Herr, wissen Sie, zitieren wir nicht, wir reden. Wir reden deutsch, wenig, aber wir reden. Jürgen Blin war Boxer, ein Fehmarner Jung, nur wenig älter als ich und als Klaas Richardsen. Wir kannten ihn. Ging nach Hamburg, wurde Hamburger Meister und Deutscher Amateurmeister. Schwergewicht. In der Nacht, als Blin gegen Ali boxte, in Zürich, 1971, saß ich mit Klaas zusammen und hörte zu.«

»Jürgen Blin.«

»Schreiben Sie das auf«, sagte Karlheinz Mackeprang.

»Werde ich. Klaas Richardsen und Sie vor dem Radio, 1971, Ali gegen Blin.«

Und Karlheinz Mackeprang sagte: »K.o. in der siebten Runde, schreiben Sie das. Jürgen Blin aus Burg. Aus Fehmarn.«

Marko saß am Rand der mit Gänseblümchen und Dotterblumen besprenkelten Fußballwiese auf einer rückenlehnenlosen Holzbank, er rauchte – eines der letzten Jahre, in denen wir noch rauchten – und schrieb in seinem Notizbuch an einem Gedicht, das er »Kinder der Sommerinseln« nennen wollte.

Drei Strophen zu je acht gleich langen Zeilen hatte es, also vierundzwanzig insgesamt, so viele Zeilen, wie ein Tag Stunden hat.

Es ging um Zeit in dem Gedicht, ihr unaufhaltsames Verstreichen. Aber es ging auch darum, was man der Bekümmerung angesichts von Vergänglichkeit und Vergeblichkeit entgegensetzen konnte, den poetischen Blick, das Aufbegehren und beharrliche Weitermachen, die Liebe zum Leben, zur Vielfalt der Schönheit und Schönheit der Vielfalt.

»Trööööt!«, hätte Kolja gesagt.

Dinge, die mit Worten kaum auszudrücken sind.

Aber genau das ist die Herausforderung, die Aufgabe.

Im Sommer auf Fehmarn brauche ich noch nicht mal darüber zu schreiben, dachte Marko. Warum es nicht sein lassen, hm? Leg dich lieber ins Gras. Guck in den Himmel, guck den Schwalben zu.

In der ersten Strophe wollte er einige Fehmarner Kindheitserinnerungen in Bilder fassen. Die zweite sollte von Kolja und ihm handeln, Jugendbilder von den Sommern auf Fehmarn, Sejerø und Ven. Und erneut Kinder in der dritten Strophe, nur diesmal die eigenen, David, Poppy und Catinka, auch Annie, die ein seltsam verschwiegenes, dabei durch und durch lebendiges Mädchen war. Am Schluss würde das Gedicht zurückmünden in seinen Anfang.

Neben ihm auf der Bank lag ein Band Gedichte: *Dylan Thomas: The Poems*. Den Schluss von »Should lanterns shine« wollte Marko dem eigenen Gedicht voranstellen, eine Bewegung, die andauerte, als Motto:

»The ball I threw while playing in the park
Has not yet reached the ground.«

David und Wolf spielten auf der Wiese Fußball, sie kickten einander die alte Lederpille zu, hin und her, so lange, bis einer von beiden unvermittelt abzog und – »Ruud van Nistelrooy!« – auf das Tor drosch. Das schöne Geräusch, wenn der Ball das Netz hinunterglitt ins Gras.

Außer Atem, trollten sich die beiden zum Haus. Wolf setzte sich mit der Gitarre auf die Terrasse und übte ein paar Lieder, die er in seinen nächsten Auftritt einbauen wollte, er spielte wieder und wieder dieselben Akkorde und sang dazu Zeilen, die Marko bald nicht mehr aus dem Kopf gingen.

»Ich wär so gerne nur ein Bäcker oder Lehrer,
der nach des Tages Mühen selig bei dir liegt.«

Marko drehte sich eine Zigarette und vertiefte sich in die

Notizen, die in den letzten Jahren auf Fehmarn entstanden waren: »Der Spielraum der Vögel aufgrund der Stille über den Feldern«, hatte er einmal aufgeschrieben, und anderswo: »Eine Stille nachts, die dich erschreckt, dass du innehältst und rot wirst.«

Er hörte Wolf zu, Wolfs rauem, traurigem Singsang.

»Ich wär so gerne nur ein schlichterer Verehrer,
doch hätt ich dich dann sicher nie gekriegt ...«

Er blätterte weiter. »Das große Summen abends über den Getreidefeldern.« Irgendwo stand: »Stipe und der tote Fuchs – vergiss das nicht.« Und ein Satz, bei dem Marko Tränen in die Augen stiegen: »Thiess hat unsere Mutter auch davon befreit, abends in Heimarbeit Platinen löten zu müssen.«

Ein Bild steckte zwischen den Notizbuchseiten, das wie eine Schwarz-Weiß-Fotografie aussah, aber einst in Farbe aufgenommen worden war. Markos Mutter und sein Stiefvater waren darauf zu sehen, wie sie sich am Grünen Brink in den über und über von Schneewehen bedeckten Dünen im Arm hielten, ein Rentnerpaar mit Pudelmützen und rotem Kinn. Im Hintergrund sah Marko seinen jüngsten Bruder. Endre bückte sich, er war im Begriff, sich seinen kleinen Sohn auf die Schultern zu heben. Wer hat das Bild gemacht, fragte sich Marko am Rand der Wiese, Konstantins Mutter, Endres Frau Siby? Er blickte über die Wiese, auf ihr im Sonnenschein leuchtend gesprenkeltes Grün unter den Apfelbäumen. »Der Ball, den ich im Park beim Spielen warf, ist seither nicht gelandet«, dachte Marko, und nach einer Weile schrieb er es auf.

Während ihrer Sommerwochen auf Fehmarn verließen Wolf, Franka, Marko und die drei Mädchen die Insel nie. Sie erkundeten alles, wonach ihnen der Sinn stand, einen Kutter, einen Leuchtturm, einen Reiterhof oder ein Maislabyrinth. An besondere Orte zog es sie über die Jahre immer wieder, so nach Lemkendorf zur Windmühle Jachen Flünk, die Catinka zwar in ihr Herz geschlossen hatte, die Poppy und Annie aber bloß »öde und blöde« fanden. Die beiden älteren Mädchen mochten die Petrikirche, weil sie die Vorstellung schön fanden, dass die »Landt Kercke« früher mal ganz für sich, ohne Dorf oder Stadt drum herum, auf den Feldern gestanden und dem späteren Landkirchen den Namen gegeben hatte. Drei Jahrhunderte lang war sie ohne Glockenturm geblieben – wozu hätte sie auch einen gebraucht? Stumm stand sie da, war Hunderte Jahre lang unübersehbar, Sonntag für Sonntag und auch unter der Woche Mahnung und Halt. Annie entzückte das am später erbauten, frei stehenden Holzturm befestigte Fledermaussymbol. »Batman was here!«, rief sie. Die mit langen Nadeln vor Tauben und Möwen geschützten Kästen, in die sich kopfunter Fledermäuse hängen können, beachtete sie nicht. Poppy dagegen mochte besonders die sechs Logen, die es in St. Petri gibt, verzierte, mit Namen versehene und überdachte hochsitzartige Häuschen im Kircheninnern. Zwei Mann hoch über den Bankreihen im Hauptschiff angebracht, waren sie von betuchten Fehmarner Familien nur von außen zu betreten gewesen. Auch den Vorfahren der Mackeprangs hatte eine der Logen gehört. Poppy rannte um die Kirche herum. Es wollte ihr nicht in den Kopf, dass es bis vor hundertfünfzig Jahren eine außen um das Kirchengemäuer herumlaufende hölzerne Galerie gegeben hatte, mit Treppen, über die die Leute in ihre Logen gelangt waren, so lange, bis die Eingänge irgendwann zugemauert wurden. Warum? Keiner, auch ihr Vater nicht, konnte es Poppy erklären. Seither stand das Hochgestühl leer. Die Leute, die zum Gottesdienst kamen, saßen unter den seit anderthalb Jahrhunderten gespenstisch leer stehenden Gebetskabuffs und schienen nichts dabei zu finden. »Ich bin nicht tot, tausche nur die Räume. Ich leb in euch und geh durch eure Träume«, dieses Zitat von Michelangelo fand Franka auf einem Grabstein des Landkirchener St.-Petri-Friedhofs, und Marko merkte es sich und schrieb es auf.

»Auf Fehmarn ist das Land so platt, da kannst du am Mittwoch schon den Sonnabend sehen«, sagte im Lemkendorfer Segelwindmühlenmuseum der Kartenverkäufer zu ihm.

»Wie alt ist der Mann?«, flüsterte Cat. »Der sieht aus wie zweihundert.«

»Hebb ick wohl hört!«, sagte darauf der Museumsangestellte ernst. »Schon vom Fehmaraner Winddämon gehört, junge Madame, vom Möhln-Unspuck? Der is man fiefmol so alt as ick.«

»Kenn ich«, gab Catinka zurück. »Ist der, der die Mühlen anspuckt. Der den Wind macht. So 'n uralter Aberglaube.«

»Jau. Denn man tau, mien Lütten.« Er lachte.

Aber er lachte Catinka nicht aus, sondern freute sich mit ihr an ihrer kleinen Kaltschnäuzigkeit. »Wat 'n seute Popp!«

Cat war alles andere als eine süße Puppe. Ihr Bruder nannte sie Beastie, und David wusste, warum. Was Catinka abgesehen von dem zweihundert Jahre alten Museumswärter an der Lemkendorfer Mühle am meisten beeindruckte, erzählte sie nach dem Abendessen ihrer Schwester, als die Mädchen im Garten Trampolin sprangen.

Sie erzählte vom Möhln-Unspuck und vom Husrump.

Wenn früher der Jachen-Flünk-Müller starb, rief der Hauptgeselle nachts beim Mahlen während des Hauptmahlgangs, des Husrump, so laut und feierlich, dass sich die anderen Gesellen und die Lehrjungen auf der Stelle die Mütze vom Kopf zogen: »Ick will man Bescheed seggn, dat din Meister in de Ewigkeit weiht is!«

Darauf spielten die Mädchen eine Weile lachend und jubelnd Segelwindmühle. Sie sprangen und sprangen höher und höher, bis es tatsächlich schien, dass nur wenig fehlte, und Cat, Poppy und Annie wären in die sich eindunkelnden Baumkronen und dann weiter, immer weiter geweht worden.

Marko ging an den verlassen im Abend liegenden Pferde-

und Ziegenweiden vorbei zum Feldrand, blieb dort stehen und genoss die Wehmut, die ihn mit Einbruch der Dunkelheit zu erfüllen begann. Drei Tage hatte der Mähdrescher gebraucht, um das große Rapsfeld abzusäbeln und in einen Puder zu verwandeln, der so schwarz war wie das Weltall zwischen den Sternen. Alle von einem Sommerunwetter in den Raps modellierten Wellen waren bis zum Horizont nur noch blassgrüne Stoppeln, und nachts hatten die Maschinen und Puderanhänger der Trecker auf den Feldern gestanden, fast wie die mobilen Bienenhäuser der Wanderimker, die im Frühling über die Insel zogen und ihre Stöcke in die blühenden Felder stellten. Dann sammelten die Bienen trunken von der gelben Überfülle wochenlang nichts als Rapsnektar, und daraus wurde ein fast weißer, würzig süßer Honig, für dessen Verkauf am Straßenrand oder in den kleinen Läden auf den Campingplätzen so mancher Bauer eine »Imkerkasse« hatte. Für die Kinder begann jeder Tag auf der Insel mit ihrem Honig, sie liebten ihn, so wie wir ihn schon geliebt hatten, Endre, Stipe, Marko, ich.

Von Schlagsdorf aus führt eine einzige Landstraße südwärts, eine sich in weiten Bogen durch den Westteil der Insel schwingende Allee. Der Backsteinturm der Petersdorfer St.-Johannis-Kirche bleibt von jedem Punkt aus deutlich zu sehen, und noch in zwanzig Seemeilen Entfernung ist er Fischern und Seeleuten auf dem Meer sichtbares Zeichen für festen Boden unter den Füßen.

Im Südwesten des gediegenen und unaufgeregten Petersdorf liegt das kleine Kopendorf, auf das unmittelbar an der Küste Wallnau folgt, mit seinem Wasservogelreservat ein Mekka für Ornithologen. Weiter südlich wird Fehmarn sehr still, weit und licht. Wie liebte Marko es dort! Man fährt am Rand der westlichen Inselflanke auf Orth zu, den Hafen, die Gollendorfer Wiek, die Lemkenhafener Wiek, die Orther Reede mit dem weitläufigen Naturschutzgebiet Krummsteert südlich von Sulsdorf und Sulsdorfer Wiek.

»1970«, sagte Wolf, »war hier gar nichts.«

Jimi Hendrix fährt durch Petersdorf und Kopendorf. Er blickt aus dem Seitenfenster der Mercedes-Limousine, blickt über die Stoppelfelder in den regenverhangenen Himmel. Es gelang Marko nicht, sich das vorzustellen.

Wolf stellte die für den Ausflug an diesem 6. September vorbereitete CD an, und im Auto brach das elektrische Geheul los, das Schlagzeug prasselte, die Gitarre sang, und da hörte man ihn, Hendrix, am 6. September 70, auf Fehmarn, keine drei Kilometer entfernt.

»Foxy, Foxy,
You know you are a cute little heart-breaker,
Foxy yeah,
And you know you are a sweet little lover-maker,
Foxy yeah, Foxy Lady ...«

Kurz vor Sulsdorf biegt rechter Hand eine schmale Straße ab und führt zwischen mohnbesäumten Feldern hindurch auf die Küste zu. Zunächst aber kommt man durch Püttsee, »wo du nicht tot über dem Zaun hängen willst«, wie Wolf erklärte, es folgen noch ein paar letzte Kurven, ein paar letzte Knicks und ein paar letzte Kopfweiden und Obstbäume, aber dann ist man da, am Flügger Leuchtturm, der Wolf allerdings so wenig kümmerte wie der Flügger Strand oder das winzige, fast unsichtbare, wie weggeflogene Örtchen Flügge, das den beiden Flügger Campingplätzen ihren Namen gibt.

»1970 war das alles hier eine einzige Matschwüste«, rief Wolf zu Hendrix' *Foxy Lady*. »Und wisst ihr, wie viele wir waren? Ich und 25 000 andere Männeken stiefelten hier durch den Schmodder.«

Die Mädchen fanden die Vorstellung wenig aufregend. Poppy, Catinka und Annie hielten sich die Ohren zu, Jimi Hendrix'

Gitarrengesänge erreichten sie nicht, und erst als Franka erzählte, dass der Gitarrist, der da zu hören war, auch mit den Zähnen spielte, weckte sie damit wenigstens Cats Neugier.

Aber das Ganze war über vierzig Jahre her.

Für Wolf nicht.

Er war sechzehn gewesen, als ihn seit älterer Bruder Knut auf dem Motorrad aus Hamburg mitgenommen hatte nach Fehmarn. Woodstock war gerade ein gutes Jahr her und in Vietnam die Wende greifbar, aber Nixon hatte mit dem Einmarsch in Kambodscha neue Protestwellen hervorgerufen, auch in Deutschland. Wolf war nie ein Hippie gewesen.

»Aber ein wilder Freigeist«, sagte er, »das war ich schon damals. Hey, meine Matte wollten mir die Bauern abschneiden!«

Mit ihnen bekamen sein Bruder und er Schwierigkeiten, sobald Knuts alte Honda Dream über die Insel bretterte, denn wie sich herausstellte, hatten an die zweihundert Bloody Devils Wind von einem »Love + Peace-Festival« auf Fehmarn bekommen. Für ihre Maschinen erpressten sich die Rocker in Gremersdorf im Oldenburger Land unter Gewaltandrohung Sprit und kamen auf die Insel, um als selbst ernannte Ordner für Ärger zu sorgen, sollte das junge Kieler Veranstaltertrio sie nicht standesgemäß entlohnen.

»Es gab eine mit orangegelben Planen bespannte Mammut-Drehbühne voller Beate-Uhse-Reklame. Dort hinten, da stand sie«, sagte Wolf und zeigte über die sonnenbeschienene, menschenleere Dünenwiese, auf der nichts zu sehen war außer in einiger Entfernung ein großer Steinbrocken, der rötlich schimmernd im übers Meer hereinstrahlenden Licht stand wie ein unbemerkt auf den Flügger Strand gestürzter Meteorit.

Marko erinnerte er an das Niobe-Denkmal. Man hatte etwas in den Stein eingelassen oder -gemeißelt, doch was, war in der Ferne nicht zu erkennen.

»Beate Uhse, warum das?«, wollte Franka wissen. Sie blickten sich um, aber nirgends war eine Spur von dem geblieben, was vor mehr als vier Jahrzehnten auf dem drei Fußballfelder großen Gelände zwischen Strand, Dünen, Zeltplätzen und Parkplatz vor sich gegangen war.

»Sie hat das Festival gesponsert«, sagte Wolf, »und ihre Sexshops wurden zu Vorverkaufsstellen.«

Franka knuffte ihn. »Und woher weiß das einer wie du?«

»Ich?«

Wolf kniff die Augen zusammen, streckte den Hals und schüttelte seine auf wundersame Weise auch mit über sechzig noch dunkelbraune Bühnenlöwenmähne.

»Sie war hier. Und ich hab sie gesehen. Aber nicht nur sie! Ich hab auch Hendrix gesehen, und nicht bloß auf der Bühne, als er am letzten Tag dann endlich kam. Er ging ein paar Meter neben Knut und mir durch die Menge. Hey, ist die Wahrheit!«

Sie sahen die Mädchen unten am Strand entlangrennen, Poppy voraus, Annie hinterher, Catinka wie üblich zuletzt und mit anderem beschäftigt. Sie hatte einen Stock gefunden, lang wie eine Harpune. Das Meer war blau und grün und der Dünencampingplatz voller bunter Fahnen, die über Wohnwagen und Zelten im Seewind flatterten. Irgendwo ließ jemand einen kleinen roten Drachen steigen.

Wolf erzählte, wie Hendrix damals anreiste. Er kam aus Hamburg und stieg am Sonntagvormittag in Puttgarden aus dem Zug. Ein schwarzer Heckflossenbenz, der nur für ihn bereitstand, brachte ihn zum Hotel Dania, wo er für nicht mal eine Stunde vor seinem Auftritt ein Zimmer mit Blick aufs Meer und auf den Eisenbahnfährhafen hatte und sich umzog.

Sein Fahrer chauffierte ihn nach Flügge. Wolf erzählte, wie er aussah. Müde. Er erinnerte sich, wie klein Jimi Hendrix' Augen waren. Er trug ein türkisblaues Stirntuch, eine bunte Flickenjacke und eine rosa Schlaghose. Kurz vor seinem Auftritt hörte es nach zwei Tagen Dauerregen auf zu schütten.

Hendrix weigerte sich erst mal, vor den Hunderten von Zelten zu spielen, die überall auf der Festivalwiese standen – angeblich erinnerten sie ihn an seine Armeezeit. Die Zelte wurden also abgebaut, alle, Hunderte, Tausende. Dann ging es endlich los. Er spielte auf zwei Gitarren abwechselnd, beide Fender Stratocaster, eine fast weiß, cremefarben, die andere scheinbar schwarz, tatsächlich aber war sie dunkelblau, schimmerte und hatte einen weißen Korpusaufsatz.

»Hat er auch diesen Song gespielt mit dem Wind, der erst ›Mary!‹ flüstert und dann ›Mary!‹ schreit?«, fragte Franka.

Wolf schüttelte den Kopf. »Er spielte ungefähr anderthalb Stunden lang, aber *The Wind Cries Mary* nicht. Überhaupt nur einige der großen Songs, *Hey Joe*, *Purple Haze*, *Foxy Lady* und *All Along The Watchtower.* Ich weiß noch, dass viele Leute ihn am Anfang ausbuhten, weil er erst am letzten Tag kam, und dass er von der Bühne runter ganz ruhig zu ihnen sagte: ›Okay, buht ruhig, Leute, buht, aber bitte in der richtigen Tonart.‹ Und ich weiß noch, dass er am Schluss mein Lieblingslied von ihm spielte, *Voodoo Child (Slight Return)*, und wisst ihr, wie es da im Text heißt?«

Franka und Marko wussten es nicht, Jimi Hendrix hatte nicht die Art Musik gemacht, die sie beide mochten, aber sie hatten große Ehrfurcht vor seiner Kunst, und sie wussten, wie Wolf über Hendrix dachte. »Im Herzen hören die Dinge nicht auf«, sagte er manchmal.

Sie schritten über das Grasgelände hinüber zu dem rötlich gelben Block und sahen bald, was originalgroß in den Stein gemeißelt war: eine Fender Stratocaster.

Für einen flüchtigen Augenblick sah es aus, als würde Wolf die Gitarre aus dem Stein lösen, dann hielt er sie in Händen, unsichtbar zwar, aber Marko, Franka und sogar die Mädchen, die vom Strand heraufgerannt kamen, konnten sie sehen, als Wolf sang und dabei Hendrix' dunklen Sprechgesang nachahmte.

»Well, I stand up next to a mountain,
Chop it down with the edge of my hand,
Well, I pick up all the pieces and make an island.
'Cause I'm a voodoo child.«

Im Garten des Ferienhofs telefonierte Marko mit Kolja, der ihn »um der uralten Zeiten willen« auf der Insel besuchen kommen wollte, und zufällig ging genau in dem Moment, als Marko vom Flügger Strand und von Jimi Hendrix' versteinerter Gitarre erzählte, Karlheinz Mackeprang vorbei und lächelte vielsagend.

Am selben Abend klingelte es an der Ferienhaustür, und Herr Mackeprang drückte Marko eine Klarsichthülle in die Hand, drei zusammengeheftete Papierbogen befanden sich darin, maschinenbeschrieben, bei genauerem Hinsehen Hektografien, Hippie-Kopien. »FEHMARN FESTIVAL GESELLSCHAFT – Presseinformation« stand in der Kopfzeile, darunter: »6. August 1970«.

»Hebb ick von mien Vadder«, sagte Mackeprang. »Der war zu der Zeit verbandelt mit dem ollen Störtenbeckerbauern, auf dem sein'm Land die Schoose stattfand. Lesen. Dann aber retour, bitte.«

Auf seiner Bank am Rand der Fußballwiese, im letzten Licht unter den Apfelbäumen, las Marko den seinerzeitigen Festival-Slogan, den Wolf geflissentlich verschwiegen hatte.

»Klar: Woodstock bleibt Woodstock. Aber: Fehmarn wird Fehmarn. Klar!«

Markig klang das, unfreiwillig komisch, war jedoch auch voller Verve und Leidenschaft.

> Wir geben: Der Insel Fehmarn ein neues Image, wie der Ostholsteiner Anzeiger meint.
> Wir haben: Kosten, die in die 100 000 gehen, wie der Ostholsteiner Anzeiger richtig errechnet hat.

> Wir wissen: Daß das Wetter gut sein wird. Das haben uns alte Fischer gesagt. Und die Wissenschaft (langfristiges meteorologisches Gutachten bestätigt es).
> Wir weisen darauf hin: Fehmarn ist aus der Luft nicht zu erreichen. Aber zu Fuß (Brücke über den Fehmarn-Sund), mit dem Auto, mit der Bundesbahn (Bahnhöfe Burg auf Fehmarn oder Puttgarden) und last not least: per Autostop.
> Wir nehmen fest an: Daß das Kultusministerium von Schleswig-Holstein die Veranstaltung als künstlerisch hochstehend akzeptiert. Schließlich meint die New York Times über Jimi Hendrix: das alles hätte nur Sinn, wenn man den Superstar Mr. Hendrix als großen klassischen Virtuosen akzeptiert. Er zerfetzt die Saiten – wie Paganini. Er posiert – wie Franz Liszt. Er schafft donnernde Höhepunkte – wie Beethoven …

Nicht auszudenken, wie die Insel sich verändert hätte, wäre das »Love + Peace-Festival« nicht so ein finanzielles Fiasko gewesen und derart im Chaos versunken, als das nach Jimi Hendrix' Abflug übrig gebliebene Publikum Rio Reisers Aufruf wörtlich nahm.

»Macht kaputt, was euch kaputt macht!« Die Drehbühne ging in Flammen auf. Karlheinz Mackeprangs Vater half, sie zu löschen.

Von 1995 bis 2010 fand am Flügger Strand das »Jimi-Hendrix-Revival-Festival« statt, das die nur zwölf Tage nach ihrem Fehmarner Konzert verstorbene Legende aber nicht wieder lebendig machte, vielleicht, weil meist nur drittklassige Bands und lokale Newcomer dort auftraten. In den Folgejahren wurde das Festival aus Naturschutzgründen untersagt, die Seevögel kehrten zurück und brüteten wieder, und auch die Ruhe kehrte zurück auf die Campingplätze, in deren Nachbarschaft Jimi Hendrix mit seiner Flickenjacke *Foxy Lady* gespielt hatte, *Ezy Rider* und *Freedom.*

Das Niobe-Denkmal erkannte Kolja gar nicht wieder, und er erinnerte sich auch kaum daran, dass Marko und er an demselben Fleck im strömenden Regen über Friedrich den Großen, dessen Vaterlandsbegriff und seine Pervertierung durch die Nazis geredet hatten.

»Hm, kann sein«, sagte er achselzuckend.

Marko empfand es als schmerzlich, dass Kolja von allem, was ihn selbst an früher zu erinnern schien, als ihnen beiden noch so viele Türen offen standen, anscheinend nichts mehr wissen wollte. Aber, sagte er sich, er hat ja recht! Was soll das auch, diese Wiederholung unserer so oft erinnerten, verklärten und beweinten ersten Wanderung, oder zumindest ihrer letzten Etappe. Wieso hatte Marko in seiner euphorischen Nostalgie dem Freund das vorgeschlagen? Jedes Schaf erschien ihm legendär. Lieber hätten sie irgendwo am Strand zusammen mit den Kindern einen Nachmittag verbringen sollen, als missmutig nebeneinanderher über einen zu historischem Grund erklärten Deich zu schlurfen. Himmel, dachte Marko, würde es wenigstens regnen.

Kolja verstummte seit Jahren mehr und mehr. Immer seltener erzählte er von seinem Alltag, seinen Ideen, Sorgen, Plänen, Wünschen, und auf Fragen ging er kaum ein.

»Meinetwegen lass uns umkehren«, sagte er, »ein andermal, okay?«

Liebte er jemanden, vermisste er etwas, hasste er sich selbst, hatte er Schmerzen, war er zornig oder niedergeschlagen? Einmal in der Woche gab er einem verstockten Dreizehnjährigen Flötenunterricht. Ansonsten aber machte er keine Musik mehr. Er ging nicht auf Konzerte. Er reiste nicht. Er traf niemanden. Er las viel. Er kochte gern, aber nur für sich. Einmal im Monat besuchte er seine Eltern in der Holsteinischen Schweiz, wo irgendeine Akademie seinem Vater einen Alterssitz zur Verfügung gestellt hatte, und ließ sich zu diesem Zweck einen gebrauchten Kleinwagen von ihnen kaufen. Marko versuchte seit fünfundzwanzig Jahren, die Gründe für die Lähmung seines Freundes zu verstehen, aber es war ihm nie gelungen. Koljas Kummer, war er Zeichen einer Verkümmerung? Immer öfter kam Marko zum Schluss, dass auf eine ihm rätselhafte Weise auch er selbst zu der fortschreitenden Selbstisolierung des Freundes beitrug. Wen und was sah Kolja, wenn er in den Spiegel blickte, sich selbst, sein Älterwerden, sein vermeintliches Scheitern, sein Verbittern im Schatten des Bismarck-gleich übermächtigen Vaters, oder sah er immer auch ihn, den Freund, der alles darangesetzt hatte, Dichter zu sein, und nun, so gut es ging, vom Schreiben lebte? Wenn dem so war, dann bildete Fehmarn den Fluchtpunkt dieses grausamen Spiegelbilds, und daher verstand es Marko als Zeichen einer rebellischen Zuneigung, dass Kolja dennoch auf die Insel gekommen war. Unsere Freundschaft ist noch nicht erloschen, sagte er sich. Kolja wird es schaffen, Musik machen, eine Frau kennenlernen, eine Familie gründen, und mit seiner Frau und den Kindern wird er auf Fehmarn den Sommer …

Sie spazierten auf dem Deich dahin, und seit Pfingsten 1983 schien sich nicht viel verändert zu haben. Aber es hatte sich alles verändert, nichts war mehr so, nichts auf der Welt, wie zu der Zeit, als sie mit sechzehn, siebzehn hier ihre Alpenrucksäcke durch den Regen geschleppt und einander mit Rilke aufgeputscht hatten. Kein Schaf, kein Grashalm, kein Tropfen im Meer war noch gleich, und die Bäume zwischen dem Deich und den Feldern standen so hoch, dass alles anders aussah und sie nicht das Geringste wiedererkannten.

Marko blickte über die See, hinüber nach Lolland. Nur eine schwache Brise war zu spüren, aber über dem Meer schienen

Fallwinde sich auszutoben; von keiner Woge bewegt, war das Wasser ganz weiß, Schaum, einem Teppich aus Seife ähnlich, und die darüberströmenden Böen schienen sich daraufzustürzen, als wollten sie ihm die Haut abziehen. Die See hob sich dort draußen zu schon kurz darauf wieder verwehten und im nächsten Augenblick von Neuem aufgerollten Schaumwellen, und dahinter, am Horizont, sah man eine Fehmarnfähre über den Belt stampfen und die Silhouette von Rødby, wohin das Fährschiff unterwegs war, die weiße Stafette der Getreidesilos, und weiter östlich den großen Offshore-Windpark Rødsand, über 170 Rotorentürme, hieß es, ragten da aus der See.

Nichts als Wasser war dort einmal gewesen.

Marko fiel der alte Vers ein, den er auf Sejerø geschrieben hatte und der ihm immer durch den Sinn zu schwirren schien, sobald er gemeinsam mit Kolja auf einer Insel war.

Wo Meer war, wird wieder Meer sein.

Als die Rede auf Hendrix kam und das »Love + Peace-Festival«, meinte Kolja sich aufplustern zu müssen, indem er Bands herunterratterte, die an den drei Tagen Anfang September 1970 auf Fehmarn dabei gewesen waren, Canned Heat, Ginger Baker's Airforce, Mungo Jerry, Renaissance, Sly & The Family Stone und …

»Einen der besten Drummer aller Zeiten hatte Hendrix dabei«, sagte Marko.

»Mitch Mitchell.« Kolja wusste natürlich auch das. »Er hat nach Hendrix' Tod in keiner Band mehr gespielt. Genauso wenig Billy Cox, der war beim ›Love + Peace-Festival‹ Hendrix' Bassist.«

Koljas ewiges Prunken mit angelesenem Wissen ging Marko gewaltig auf die Nerven. Aber warum das so war und wieso es ihm etwa bei Wolf zumeist anders erging, fragte er sich nicht. Er war gekränkt, weil Kolja ihn mit keinem Satz nach seinen Erlebnissen fragte, ganz zu schweigen davon, ob er in den Wochen auf Fehmarn etwas zustande gebracht hatte, vielleicht neue Gedichte? Er hatte große Lust, Kolja in die Parade zu fahren, wollte sich aber nicht die Blöße geben, ihn aus heiterem Himmel angegriffen zu haben, deshalb grätschte er bloß mit einem Running Gag in den Sermon des Musikfachmanns.

»Wenn deine Ohren die Ohren aufmachen, hörst du es noch«, sagte er. »Ratsch! – in eine Brust – ratsch … aahh! – wieder raus.«

Sie waren Mitte vierzig. Marko lachte sich halb kaputt vor Freude.

»He? Was soll der Kram?«, fragte Kolja und boxte Marko auf den Oberarm. »Hab ich was nicht mitbekommen? Wovon redest du?«

Die Jahre vergingen, sie vergingen viel zu schnell. Seine Kindheit in Oberbayern kam Marko mitunter wie ein einziger Nachmittag vor.

Auch der Versuch, zusammen mit Kolja ihre Wanderung zum Campingplatz am Fehmarnbelt zu wiederholen, lag inzwischen mehrere Jahre zurück, aber erst Franka brachte Marko darauf, dass vielleicht eine ganz andere, eine unbewusste Absicht hinter dem Spaziergang gestanden hatte.

Sie verbrachten ein Herbstwochenende ohne Kinder auf Fehmarn, dick eingemummt gingen sie lange am Staberhuker Leuchtturm und am Flügger Strand durch den Wind und blickten über die nebelgraue Ostsee. In über dreißig Jahren seit dem Fußmarsch mit Kolja quer über die Insel war Marko nie wieder auf dem Zeltplatz am Belt gewesen, deshalb schlug er Franka vor, mit ihm dorthin zu fahren.

Die gescheiterte Neuauflage ihrer ersten Wanderung war der letzte Ausflug mit Kolja geblieben. Wenig später ging ihre Freundschaft zu Ende, sie hörte einfach auf, weil sich keiner mehr beim anderen meldete. Auf dem Deich hatte Kolja nichts, woran Marko sich zu erinnern glaubte, wiedererkannt, und

Marko seinerseits war immer wütender geworden, ohne jedoch dem Zorn Luft machen zu können, wenn Kolja etwas bekannt vorkam, das seinerzeit unmöglich existiert hatte. Auf nichts konnten sie sich mehr einigen.

Für Franka war die abgebrochene Wiederholung ein Symbol. In ihren Augen hatte Marko die letzte Wanderung mit dem Freund nur deshalb überhaupt angeregt.

»Du bist mit ihm nur auf den ersten Blick noch mal am Meer entlanggewandert«, sagte Franka, als sie mit Marko über den verlassen im Seedunst liegenden Zeltplatz lief. »Aber um den Fehmarnbelt ging es dabei doch gar nicht, oder? Ich glaube ja, es ging noch nicht mal um deine oder Koljas Erinnerungen.«

Erinnerungen. Bei diesem Begriff fallen mir immer sofort Tomas Tranströmers Kindheitsmemoiren und ihr unvergesslicher Titel ein. »Die Erinnerungen sehen mich.« Wie soll ich mir das vorstellen?, fragte sich Marko. Haben die Erinnerungen denn Augen, und sehen sie mich so wie ich die verlassenen Betonbungalows mit dem Imbiss am Meer, Dünenklön, und den verrammelten Waschräumen, in denen Kolja und ich als Teenager Zuflucht vor dem ewigen Regen suchten? Es gibt Sätze, über die kann man länger nachdenken, als eine lange, lange Freundschaft dauert.

»Ihr habt eure Freundschaft an ihren Anfang zurückgeführt und sie abgerundet«, sagte Franka. »Ich finde das ein gutes Ende.«

Ja, zu einer Insel haben wir unsere Freundschaft gemacht. Marko empfand den Gedanken als zugleich tröstlich und erschreckend. Der Fehmarnbelt erschien ihm unverändert, grau, weit, offen, und der Kiesstrand, auf dem ihr Zelt im Regen gestanden hatte wie auf dem Meeresgrund, war noch immer da, auch wenn er nicht mehr derselbe sein konnte.

7 Tunnel am Ende des Lichts

Zum kleinen Hafen Fehmarnsund führt ein schmaler Tunnel unter dem nicht endenden Brausen der Schnellstraße hindurch. Richtung Osten, vorbei an Äckern und Feldern, kommt man nach Wulfen. Still, beinahe verwunschen ist es am Wulfener Hals, der Landzunge, die vis-à-vis Burgtiefe den Burger Binnensee vor der Dünung des Sunds abschottet. Der See ist somit meist glatt und ruhig, und wohl deshalb liegt ein lieblich sich an die Landzunge schmiegender Campingplatz am Wulfener Hals. Windschiefe, hohe Bäume, Eibenbüsche und Ilexsträucher wachsen zwischen dem Sund und dem See, auf dem Hobbysurfer und Stand-up-Paddler auf ihren Brettern dahingleiten und planschende Kinder durchs Wasser toben. Krabbenweg, Seesternweg oder Fischerweg heißen die Verbindungen zwischen den Wohnmobilen und Hauszelten. Es gibt ein Sonnenstudio mit Massagepraxis und ein Restaurant »Seeblick« mit Café und Fischbrötchenimbiss an einem an lichten Sommertagen mediterran wirkenden Strand. Man blickt über den Sund bis nach Staberhuk, zu Kirchners Leuchtturm. Man blickt über den See bis zu den Hotels von Burgtiefe.

Fünf Sommer lang, in denen ein paar Kilometer weiter nördlich Marko, Franka, Wolf und die Kinder ihre Ferien verbrachten, kamen mit ihrem VW-Bulli aus Zwickau auch der Gerry, der Max und die Liese nach Fehmarn und zelteten am Wulfener Hals, »unsere Ossis« nannten Campingnachbarn das Trio, das meist vier bis sechs Wochen lang blieb und ausgiebig surfte, segelte, Schlauchboot fuhr und Badminton spielte. BMZ nannten die drei sich selbst, Böhnhardt, Mundlos, Zschäpe; später, als die Liste ihrer mutmaßlichen Mordopfer anwuchs auf fünf, sechs, sieben, acht, neun wehrlos Erschossene, die sie in ihrem Blut liegend filmten und im Internet verhöhnten, nannten sie sich so martialisch wie verharmlosend Nationalsozialistischer Untergrund, NSU.

Im Seewind rasseln die Silberpappeln. Durch den Abend blinzelt der ferne Leuchtturm, und in der Nachbarschaft gibt es ein kleines Tiergehege. Alpakas im Nieselregen. Die Liese mit den kalten Augen und der rosa Jogginghose beim Aerobic.

Die Liese war so lieb. Man spielte Doppelkopf. Man aß Lieses leckere Schaschliks und ihren Kartoffelsalat auf Erzgebirge-Art. Man war irgendwann dick befreundet. Man ahnte nichts.

Nischt.

Franka sagte, ihr werde ganz kalt an diesem Strand, unter diesen Leuten in ihren Froschmannanzügen und den vollgemampften Backentaschen. War es nicht so, fragte sie Marko, dass die drei mutmaßlichen Terroristen und ihre Helfer nur deshalb so harmlos auf ihre Zeltplatznachbarn wirkten, weil im Grunde, in einer Art umfassendem Untergrund, alle deren mörderisches Vorgehen wenn nicht gutheißen, so doch hätten nachvollziehen können? Die Döner-Morde, so hatte man ihre Verbrechen genannt. Natürlich waren Uwe Böhnhardt, Uwe Mundlos und Beate Zschäpe in Burg Döner essen gegangen, warum auch nicht. Franka war außer sich und den Tränen nahe, als sie mit Marko über den Campingplatz ging. Nirgends eine türkisch oder muslimisch wirkende Familie zu sehen. Die wenigen Ausländer kamen aus Schweden, Holland, Polen.

»Die Wohnmobilterroristen«, sagte Franka.

Marko blickte über den Burger Binnensee hinüber nach Burgtiefe. Keine zwei Kilometer entfernt hatte Lina Heydrichs Nazipension gestanden. Weswegen hatte die Zwickauer Terrorzelle ausgerechnet auf Fehmarn Urlaub gemacht? Machten Terroristen denn überhaupt Urlaub? Wovon, vom Erschießen Unschuldiger, vom dumpfen Prunken mit dem Ausradieren Fremder, Ferien vom Terrorisieren?

Frankas Cousine Sünje und ihr Mann Frenk setzten sich mit ihnen unters Vorzelt ihres Campingwagens. Während die Männer schweigend über den Sund blickten und nur gelegentlich auf eine besonders große Seemöwe oder ein auffälliges Segelboot zeigten, sprachen die Frauen von ihrer gemeinsamen Vergangenheit, Frenks Bojendorfer Eltern, die nicht mehr lebten, einem Hochzeitsfest, das sie beide als kleine Mädchen auf der Insel erlebt hatten. Marko hörte nur mit einem Ohr zu; seine Gedanken kreisten weiter um das mutmaßliche Terrortrio, das offenbar irgendwo ganz in der Nähe fünf Sommer lang ein unauffällig normales Leben vorgeschützt hatte, um unerkannt zehn Morde zu begehen, Erschießungen mit einer Pistole mit Schalldämpfer, vorsätzlich, heimtückisch, kaltblütig, feige, es gab keine wirklich angemessenen Begriffe dafür. War nicht alles, was vergangen war, stets völlig unterschiedslos vergangen, egal, wie lange es her war? Napoleon ist so vergangen wie die Steinzeit, dachte Marko, und Otto der Große ist ebenso unwiederbringlich vorbei wie das Hochzeitsfest in Lemkenhafen, das Franka und Sünje gemeinsam erlebt hatten und wenigstens bruchstückhaft zu rekonstruieren und festzuhalten versuchten. Es hatte Krabbensuppe gegeben, Scholle, Fehmaraner Erdäpfel. Es hatte Kröpeln gegeben, echte Petersdorfer Hefeteigkröpeln mit Korinthen und ordentlichem Zitronengeschmack! Die Brautleute hatten ein trotz Dauerregen auf der Mole aufgespanntes Kutternetz durchschneiden und beide gleichzeitig die Schere führen müssen. Ja, stimmt. Stimmt, ja. Was war aus ihnen geworden? Lebten sie noch? Lebten sie noch zusammen?

»Die Schwalben schossen hin und her durch den Regen«, sagte Franka.

Und ihre Cousine Sünje sagte: »Ja. Daran erinnere ich mich.«

Auf die weiß getünchte Mauer fällt die letzte Abendsonne. Die Scheunenwand ist gerade groß genug, um den Schatten des Nussbaums darstellen zu können, unter dem ich stehe und das schöne Spiel des Lichts beobachte.

Fast genauso wie diesem Nussbaumschatten folge ich Markos Gedanken, beinahe so, als wären sie meine eigenen.

Für viele, so auch für manche Figur in diesen Aufzeichnungen, wie etwa Kolja, ist Fehmarn längst Geschichte, während Marko sich sagt, weil ich mir einbilde, das behaupten zu können: Geschichte gibt es gar nicht. Jeder Versuch zu einer Historie ist ein zum Scheitern verurteiltes Konstrukt, ja, es gibt sie noch nicht mal, diese absurden Konstrukte, mit denen man der Zeit und der Vergänglichkeit auf die Schliche zu kommen hofft. Eine Geschichte gibt es nur, wenn sie sich erzählen lässt.

Ein böses kleines Notat von Peter Handke fällt mir ein, aus dessen *Phantasien der Wiederholung*: »Ich sah einen Bekannten wieder: er war gescheitert, er war Sportler geworden«. Marko dachte stets, dass Kolja sich täuschte, wenn er sich für gescheitert hielt. Gescheitert war vielmehr einer wie Koljas Vater, der seinem Sohn kein eigenes Leben zugestand, aber meinte, Geschichte lehren zu können.

Es wird Zeit, denkt Marko unter dem Nussbaum, während der Lichtschein auf der weiß getünchten Scheunenwand unmerklich immer blasser wird. Der Nussbaum ist der im Kräutergarten des Hinrichsdorfer Gehöfts, das einmal der Familie der inzwischen lange toten Frau Richardsen gehörte. Warum verfällt es seit so vielen Jahren, die verstrichen sind, seit Marko als Junge hier stand und hinaufspähte zu Karlinas hell erleuchtetem Fenster, warum ausgerechnet dieses verwunschene Gemäuer mit seinem jahrhundertealten Fachwerk, der Scheune und den

Ställen für schon seit vielen, vielen Jahren tote Tiere? Vielleicht ist es an der Zeit, ich zu sagen.

Aber jede Insel ist schrecklich – und im Grunde wirklich nichts weiter als ein Berg oder Hügel, der fast ganz unter Wasser liegt. Deshalb sollte man Befürworter von Brücken sein, von Möglichkeiten zu Begegnungen. Unter allen Umständen müssen wir im Gespräch bleiben, wenn nötig hinüberrufen von Eiland zu Eiland.

Sagst du hier ich, machst du so vieles unmöglich.

Sagst du zu dir ich, hören viel zu viele auf, möglich zu sein, Marko, Stipe, Franka, Wolf, Richardsens und wie sie alle hießen oder heißen.

Deshalb lieber erzählen, auch wenn das Erzählen stets ums Erfinden kreist, oder wenigstens will ich mich an einen anderen wenden, ein anderes Ich, ein Du, denkt Marko. Bist du auch seit beinahe vier Jahrhunderten tot, es stimmt noch immer, was du geschrieben hast, John Donne: »Niemand ist eine Insel, in sich ganz; jeder ist ein Stück Kontinent, ein Festlandteil.«

Auch in Markos Verlag war ein Band mit John Donnes Gedichten und Meditationen erschienen.

Markos Verleger redete nicht viel über die Bücher, die er veröffentlichte. Er war ein eher wortkarger Mann, groß gewachsen, mit auffällig klaren blauen Augen und langem weißem Bart, der so gepflegt wie rebellisch wirkte. Sein Bart ließ ihn älter aussehen, als er in Wirklichkeit war, seine Augen und sein jungenhaftes Lachen aber verrieten, dass man einen Mann vor sich hatte, dessen Alter er allein bestimmte. Der Bart, an den jeder zuerst dachte, mit dem man über Curd Reschloh sprach, mochte ein unverwechselbares Kennzeichen des Verlegers sein, ein Alterszeichen war er nicht.

Von sich und seinem Leben erzählte Curd so gut wie nie. Marko hatte keine Vorstellung von seinem Verleger als jungem, womöglich gänzlich bartlosem Mann, bis ihm einmal in einer Biografie eines berühmten kolumbianischen Schriftstellers ein Foto ins Auge fiel, auf dem der Starautor missmutig an einem betagten Volvo lehnte. Am Steuer des schönen Wagens saß ein junger Mann mit markanten Zügen und auffälligen, durchdringend in die Kamera blickenden Augen, an denen Marko seinen Verleger erkannte, Curd Reschloh, noch keine zwanzig, als Verlagslehrling fuhr er den Schriftsteller, der ein gutes Jahrzehnt später den Nobelpreis erhielt, in der Stadt umher. In seinem Gesicht, auf das die volle Spätsommersonne fiel, war nicht die Spur eines Bartes zu sehen.

»Frankfurt, September 1970. Márquez mit dem jungen Curd Reschloh« stand unter dem Bild.

Bei einem Spaziergang durch die abendliche Mainmetropole sprach Marko seinen Verleger auf das Foto an und erwähnte, dass im selben Monat Jimi Hendrix sein letztes Konzert gegeben hatte, am letzten Tag des einzigen »Love + Peace-Festivals« auf der Insel Fehmarn.

»Erinnere mich gut«, sagte Curd. »Vor allem natürlich an die Meldungen von Hendrix' Tod kurze Zeit später. Und keine drei Wochen nach Jimi Hendrix starb Janis Joplin, dieses doppelte Verlöschen, das erschien allen damals unfassbar, mir auch.«

»Ich war fünf«, sagte Marko. »Da wusste ich noch nicht mal, dass es E-Gitarren gibt. Ganz zu schweigen von Jimi Hendrix, Janis Joplin und Gabriel García Márquez. Du hattest keinen Bart.«

»Doch, hatte ich«, sagte Curd. »Nur war der unsichtbar. Gabo hat das sofort erkannt. Er nannte mich entweder Curd Jürgens' Sohn oder ›Junge mit dem unsichtbaren Bart‹. Er war ein Komiker.«

»Und wie war er sonst?«

»Genervt von dem ganzen Unfug um das Buch. ›El libro‹. *Hundert Jahre Einsamkeit* war in diesem Herbst auf Deutsch erschienen. Die Leute taten, als wäre es das erste Buch überhaupt und als würde es nie wieder ein anderes geben. Márquez wurde minütlich muffeliger. Nur noch zu seinem Freund Enrique Boll wollte Gabito.«

Marko sagte der Name Enrique Boll nichts, erst viel später an dem Abend, in seinem Hotelzimmerbett, sollte ihm aufgehen, dass damit Heinrich Böll gemeint war. Man durfte das Gespräch nicht abreißen lassen. Das galt besonders für das Gespräch mit Curd Reschloh, der einem bei aller herzlichen Zugewandtheit schnell das Gefühl vermittelte, er könnte ebenso gut allein durch das dunkle Frankfurt-Preungesheim dahinschreiten.

Auch deshalb hatte Marko auf ihrem Spaziergang gefragt: »Kennst du Fehmarn?«

Und Curd antwortete, ohne zu zögern: »Als Junge war ich mal da.«

Curd Reschloh als womöglich kleiner Junge, für Marko schwer vorstellbar. Aber warum eigentlich?

Sein Verleger erzählte, dass er kein Knirps mehr gewesen war, aber ein Spund. Juli 1960. Das zehnte Jahr von Adenauers Kanzlerschaft.

»Da gab es weder die Brücke noch die Fährverbindung der Vogelfluglinie von Puttgarden nach Rødby«, sagte Marko.

Und Curd sagte: »Das weißt du besser. Ich habe so gut wie keine Erinnerungen an die Insel.«

Marko kam es absurd vor, doch weil er neugierig war, neugierig auf Curds Leben, verblüfft von dem plötzlich sich ergebenden Schnittpunkt ihrer beider Leben, fragte er seinen Verleger trotzdem, ob dessen Eltern damals mit ihm nach Fehmarn gefahren waren.

»Ja, mit unserem Rekord sind wir gefahren, der war hellblau und hatte ein weißes Dach. Ich weiß so gut wie nichts mehr von Fehmarn, aber«, sagte Curd und lachte, »ich weiß sogar noch, welches Kennzeichen der Opel hatte.«

Marko fiel ein, dass im Januar 1960 Albert Camus tödlich verunglückt war, bei einem Autounfall, allerdings nicht mit einem Opel. Im Januar 1960 war mit dem Bau der Fehmarnsundbrücke begonnen worden. Erinnerte sich Curd vielleicht an die Überfahrt von Großenbrode nach Fehmarnsund, an Betonpfeiler, die am Sundboden gegossen wurden und allmählich in die Höhe wuchsen? Die Brücke hatte Fehmarn ans Festland angeschlossen, sie hatte die Insel auf unumkehrbare Weise stärker verändert als jede Schiffs- oder Fähranbindung Jahrhunderte zuvor.

Aber Curd erinnerte sich weder an das eine noch das andere. Daraus, dass sie mit dem hellblauen Opel über die Insel geschaukelt waren, schloss er, dass sie die Autofähre genommen haben mussten. Er sah einen Strand vor sich, an dem er durch die Dünen gestromert war und Steine, Muscheln und Treibgut gesammelt hatte, aber wie der Strand hieß, wusste er nicht mehr, es war länger als ein halbes Jahrhundert her. Die Stille auf der Insel, ja; die Farben, ja; die Vögel, das Meer. Ja.

Wenn ich nie wieder auf Fehmarn gewesen wäre, ich würde mich wahrscheinlich nur an Taubengurren erinnern und an ein kleines Schiff, das auf der Tapete über die Wand des Mansardenzimmers segelte, dachte Marko. An Stipes Schnarchen und vielleicht an Karlina, wie sie neben Hardy Babbe auf dem Traktorradkasten sitzt.

Im selben Augenblick erzählte sein Verleger, dass er allerdings eine einzige, dafür sehr konkrete Erinnerung mit Fehmarn verbinde. Und dann erzählte Curd Reschloh, dass er bei dem Namen Fehmarn immerzu und auf der Stelle an das Zimmer denke, in dem sein Bett gestanden habe und daneben so etwas wie ein Nachttischchen, dem aber aus unerfindlichen Gründen ein Bein fehlte.

»Am Strand hatte ich einen besonders schönen großen Stein gefunden, den schob ich unter das Tischchen«, sagte Curd, »et voilà, schon stand das Ding wieder fest. Aber als wir dann irgendwann abreisten, da wollte ich den Stein mitnehmen, zog ihn also raus, und alles stürzte zusammen. Ich weiß von keinem Augenblick der Heimreise mehr, und du brauchst mich auch nicht nach der Überfahrt auf der Fähre zu fragen. Fehmarn, für mich ist das eigentlich bloß dieses kaputte Tischchen, etwas, das nicht wieder heil zu machen war, unumkehrbar. Und wenn ich ehrlich bin, frage ich mich, seit wir hier durch die Straßen tingeln, ob ich wohl deshalb nie wieder dahin wollte.«

Wenige Wochen nach diesem Gespräch mit seinem Verleger feierte Marko mit der Familie, mit Kindern und Freunden, dass er fünfzig Jahre alt geworden war, wider Erwarten und unbeabsichtigterweise, wie er sagte, und auch im Verlauf des abendlichen Festes kam man auf Fehmarn zu sprechen, vielleicht deshalb, weil Markos Feier in einem Haus am Ufer eines großen Sees stattfand. Über das Wasser flogen Vögel. Weiter draußen lag eine Insel, auf der allerdings kein Lichtschein zu sehen, die verlassen war.

Vor allem aber sprach man bei Tisch über Fehmarn, weil Stipes, Endres und Markos Mutter mit ihrem Mann Thiess erst kurz zuvor dort gewesen war, um einen lang gehegten Wunsch Wirklichkeit werden zu lassen. Während verfrühte Herbstböen über die Ostsee fegten, waren die beiden in vier Tagen einmal um die ganze Insel gewandert, von Burgtiefe ostwärts nach Staberhuk, dann in nördlicher Richtung nach Puttgarden, weiter westwärts bis ans Markelsdorfer Huk, daraufhin in südlicher Richtung über Wallnau nach Flügge, dann um die Orther Reede herum und erneut ostwärts nach Lemkenhafen, um schließlich vorbei am Strukkamphuk bis Wulfen und Burgstaaken zu laufen. Sie spazierten auf dem Ernst-Ludwig-Kirchner-Weg, brotzeiteten am Grünen Brink und sahen sich an, wo Markos und Koljas legendäres exkrementbraunes Zweimannzelt gestanden haben musste, ehe es ins Meer der Zeit gespült worden war. In

Orth hatten sie frisch gefangene Scholle gegessen, am Flügger Dünenstrand Jimi Hendrix' steinerne Fender Stratocaster bestaunt, sie hatten vier Leuchttürme bewundert und waren am Fastensee bei Kopendorf von einem Pulk aufgekratzter Amphibienliebhaber eingeladen worden, Unken und Molche zu beobachten.

»Wenn man auf Fehmarn glaubt, man hört eine Zwergohreule rufen oder einen Sperlingskauz – huhu, huhu«, sagte Markos Mutter zu ihren Söhnen, »dann ist das oft in Wahrheit überhaupt kein Vogel, sondern eine Rotbauchunke, wusstet ihr das?«

Nein, das wussten die drei vor ihr sitzenden Männer mit dem bestenfalls noch schütteren Haar auf dem Schädel nicht.

»Und dabei ist sie nur so klein, die Unke. So klein!«

Ihre Mutter streckte eine schmale Daumenspitze in die Höhe.

»*Amplexus lumbalis*«, sagte Thiess, der einen zu seinen silbernen Haaren passenden neuen Ausgehanzug trug. Er war Lastwagenmechaniker im Ruhestand, lateinische Fachausdrücke verwendete er für gewöhnlich nicht.

»Bei der Paarung wird das Weibchen vom Männchen in der Lendengegend umklammert«, sagte Thiess und machte es vor.

Markos Mutter quiekte.

Alle lachten.

Aber das Gespräch kam dann schnell auf die Zukunft der Insel, besonders den geplanten achtzehn Kilometer langen Tunnel durch den Fehmarnbelt, dessen Verwirklichung von dänischer Seite vorangetrieben wurde, der aber noch in den Sternen stand.

Der Elektroniker Stipe und der Mechaniker Thiess begeisterten sich für das Projekt; noch nie hatte es einen so langen Absenkröhrentunnel gegeben. Mit dem Auto würde man hoppladihopp auf Seeland und in zwei Stunden in Malmö sein.

Marko wollte gar nicht in zwei Stunden in Malmö sein. Nach Schweden fahre ich, wenn überhaupt, langsam, sagte er sich.

Endre war Fotograf. Er hatte mehrere preisgekrönte Bildserien von Fehmarner Landschaften und ihrer Flora und Fauna ausgestellt, darunter von Qualmwasser- und Auentümpeln, die überall samt ihren Fröschen, Molchen und Unken verschwanden. Gelegentlich drückte er auf den Auslöser, um Stipe, dessen Frau Hanna, seine eigene Frau Siby oder seinen durch den Saal baldowernden kleinen Sohn zu fotografieren. Immer wieder aber suchten seine Blicke an der Tafel die seines ältesten Bruders. Er wusste, dass Marko die Insel vor allem als Rückzugsort und Erinnerungsrefugium schätzte.

Aber Marko sah keinen Sinn darin, auf Abgeschiedenheit zu pochen, auf das Recht zu selbst gewählter Einsamkeit, Stille, Schönheit, Bewahrung und Besinnung, wenn von größerer Wirtschaftskraft, Entzerrung des Personenverkehrs, engerer Anbindung Westeuropas an Skandinavien, gesamteuropäischer Infrastruktur und Möglichkeiten zur Schaffung Hunderter neuer Arbeitsplätze die Rede war. Alles hatte irgendwie seine Berechtigung, und das Ökonomische poetisch zu betrachten war schwierig, wenn nicht ausgeschlossen. Marko sah sich mit Franka im Auto die elektronische Mautstelle bei Puttgarden passieren, sie tauchten unter die Erde, fuhren unterm Meer hindurch, jagten dem Licht entgegen, schon waren sie auf Lolland, schon auf der schönen Insel Falster, und bald darauf eilten sie auf Seeland dahin und sahen am Horizont die Türme von Kopenhagen.

War das Beschwerliche demnach ein Ausdruck von Wirklichkeit?

Womöglich bedeutete eine feste Beltquerung sogar die beste Zukunft für Fehmarn, dachte er. Vielleicht blieb die Insel auf diese Weise ja von noch größeren Alkoholtourismusströmen, Ferienhaussiedlungen und Ferienhaussiedlungszufahrten, von

Discountergebieten, Hotelburgen, Waschbetonpromenaden und Spaßbädern verschont, wurde links liegen gelassen, wurde beinahe vergessen.

Andererseits hatte er viel gelesen von während des Tunnelbaus auf die Insel wartenden Umwälzungen und Eingriffen in ihre Natur, ihre Kultur, ihr Wesen. Es sollte ja über zehn Jahre hinweg nicht allein ein Tunnel, es sollte doch eine ganze Autobahn, eine neue Bahntrasse und für die Autobahn und die neuen Gleise eine zweite Sundbrücke gebaut werden; denn die alte war zu klein und marode, stand aber unter Denkmalschutz. Die Bauarbeiten auf der Insel kämen ihrer zumindest zeitweisen Zerstörung gleich, die Absenkung der Tunnelröhren würde in Sund und Belt den Meeresboden, das Wasser, die Lebensräume der Fische und anderen Seetiere auf unabsehbare Zeit so gut wie verheeren und in totes Gebiet verwandeln.

Aber was verstand ein Dichter davon. Marko dachte: Erinnere dich an Canetti, seine Notiz von den vergifteten Meeren.

Im *Buch gegen den Tod* gab es fünf Zeilen, bei denen Marko stets Fehmarn vor sich sah. Elias Canetti stellte sich darin vor, die Ozeane und alles übrige Wasser wären so giftig, dass einen jede Berührung damit umbrächte. Genau so sei es, in der heutigen Welt zu leben.

Markos Gedankenversunkenheit, ob sie nun eine melancholische oder nostalgische war, blieb Franka, Stipe und Hanna nicht verborgen, und Marko tat es zwar leid, auf seinem Geburtstagsfest in Trübsal zu verfallen, wusste aber nicht, wie er zu Beschwingtheit oder wenigstens Gelassenheit zurückfinden sollte. Er spürte Zweifel an sich nagen und wusste, es waren keine vorübergehenden, sondern grundsätzliche. Fehmarn ist die Sommerinsel meiner Familie und inzwischen auch meiner Kinder, aber sie ist ebenso meine eigene Sommerinsel, sagte er sich. Sie ist die Insel der leuchtend hellen Seite meiner Kindheit und Jugend, der Ort, wo die Liebe zum Leben in mir erwacht ist, wo ich mich verwahrt habe gegen Übergriffe und zu akzeptieren lernte, dass mein Gemüt ein poetisches ist. Aber weil beinahe alles Bedeutsame in meinem Leben auf vielfältige Weise mit Fehmarn zusammenhängt, macht die Menge meiner dort gesammelten Erfahrungen auch so verflucht deutlich, wie sehr das alles vergangen, nur noch ein Sommerarchiv meiner Inselerinnerungen ist.

Vergangen und archiviert, war dem wirklich so?

»Bah«, sagte er, der einzige Laut, der an der Tafel aus seinem Mund kam. Hanna stand auf, sie lächelte und ging hinaus in den sacht zum See hin abfallenden Garten.

Schuldbewusst verdrehte Marko die Augen und sah draußen die Frauen mit den Kindern herumtoben, Franka, Siby, seine Mutter, seine Kinder, Sibys und Endres Sohn Konstantin.

Auf dem Tisch standen ein paar von Konstis Spielzeugautos. Stipe nahm einen kleinen Traktor und einen ebenso hellblauweißen Mähdrescher in die Hände.

»Guck mal, die hab ich dem Kleinen mitgebracht aus Sachsen«, sagte er. »Von den früheren ›Fortschritt‹-Werken in Neustadt. Da werden heute Caravans und Wohnmobile gebaut. Als Jungs waren wir ein paarmal da, mit unserer Großmutter. Keine Erinnerung dran?« Stipe sagte einen Satz auf Sächsisch, und auf der Stelle saß ihre lange verstorbene Großmutter aus Chemnitz mit am Tisch.

Marko war sich nicht sicher. Er meinte, einen grasbewachsenen Hang vor sich zu sehen, auf dem Dutzende fabrikneue Landmaschinen abgestellt waren, alle hellblau und weiß.

Er schüttelte den Kopf.

»Unsere Mutter meint, zuletzt waren wir dort in dem Sommer, in dem wir später zum ersten Mal nach Fehmarn fuhren«, sagte Stipe mit seinem Lachen, das unverändert ansteckend geblieben war. »Sie sagt, vor allem du warst nur unter Gewaltandrohung – ›Bring mich nicht auf die Palme!‹ – wegzukriegen von den Neustädter Fortschritt-Treckern, Fortschritt-Dreschmaschinen und -Mähdreschern. Schon seltsam, oder, wenn man sich vorstellt, dass wir auf Fehmarn vielleicht bloß deshalb alles gemacht haben, was der alte Richardsen und sein neunfingriger Sohn uns damals auftrugen. Hey, und das für lau, umsonst, einfach so. Kinderarbeit!«

Marko nickte. »Ja«, sagte er, »und ich würde es genauso wieder machen, ohne mit der Wimper zu zucken. Schlimm!« Er lachte.

Im selben Moment kam Franka zurück an den Tisch, und sie hatte Hanna mitgebracht, die sich hinter Stipe stellte.

»Das Geburtstagskind lacht wieder«, sagte Markos Frau. »Das ist die Gelegenheit, uns zusammen was Schönes anzugucken!«

David rief draußen: »He, alle reinkommen! Er hat gelacht! Er lacht!«

Hanna hob ein dickes Buch über Stipes Kopf und legte es vor ihn hin auf die Tafel, offenbar ein Fotoalbum für Marko, das in dünnes, fast durchsichtiges Papier eingeschlagen war.

Marko hatte keine Lust, alte Fotos zu bestaunen. Er blickte durch die Fensterfront nach draußen, wo aus dem Dunkel des Gartens seine Mutter zum Haus heraufkam, gefolgt von Thiess, von Endre und Siby. Alle Gäste, alle Freunde, alle Kinder kamen allmählich herein, der kleine Konsti, der der Jüngste war, das aber nicht wusste, David, Poppy, Cat und Annie, einen Herbstblumengeruch brachten sie alle mit in den Saal, und auf dem See sah Marko ein letztes silbernes Schimmern liegen, eine Art Inselmond, einen zitternden, zersplitternden Spiegel.

Immer anwesend war für Marko sein Vater, auch wenn er ihm jahrzehntelang leibhaftig nicht hatte begegnen wollen. Wie an der Wand ein großer Schatten, wie unter Wasser ein großer Schatten, wie in den Erinnerungen der große Schatten.

Wolf nahm seine Gitarre, stimmte sie und begann, sich einzusingen.

»Der Junge mit der Mund …
singt von dem, was einst …
… in silbernen Träumen …
… Barke mit der gläsernen Fracht,
die in sternenklarer Nacht …«

Die gläserne Fracht, dachte Marko, was sollte das bedeuten?

Die gläserne Fracht, die gläserne Fracht …

Aber das Buch, das Stipe seinem älteren Bruder über den Tisch zuschob, war kein Fotoalbum.

Was da ausgepackt plötzlich vor ihm lag, war Markos allererstes eigenes Werk, und er hatte es zwar nicht vergessen, hielt es jedoch seit Urzeiten für verschollen. Stipe grinste übers ganze Gesicht, keiner konnte grinsen wie er. Die ganze Zeit hatte er das Buch aufbewahrt, und auch wenn sie es zu kennen glaubten, weil Marko nie aufgehört hatte, davon zu erzählen, hatten sogar Franka und die Kinder DIE PRACHTVOLLSTEN SEGELSCHIFFE DER WELT UND IHRE NACHTRÄGLICHE NEUERFINDUNG DURCH MICH noch nie gesehen. Marko klappte das Buch auf, und viele klatschten, während ihm die Tränen in die Augen stiegen.

Die gläserne Fracht. Marko dachte an die Urne mit der Asche seines Vaters. Sie war nicht anders in der Ostsee versunken als damals die Hochseeangel, die das alte Scheusal hatte ins Meer fallen lassen.

Marko hörte es noch, das »Fehmarnlied« der Frauen: »Knowing me, knowing you (a-ha …)«

Später sang und spielte Wolf ein paar Lieder, und alle tanzten, Markos Freunde, seine Familie, die Kinder, Franka und sogar Marko selber, der sich dabei immer wieder vorstellte, auch sie, die nicht mehr lebten oder aus seinem Leben verschwunden waren, wären irgendwie anwesend und würden auf so geistergleiche wie phantastische Weise zusammen mit ihm feiern.

Endre tanzte mit Konstantin auf dem Arm, und der kleine

Junge, der sich herumwirbeln ließ und dabei lachte und lachte, verstand vielleicht den Sinn der ganzen Ausgelassenheit noch nicht, aber das machte nichts, machte überhaupt nichts, denn was war am Glück schon zu verstehen.

Keine der in meinem Buch dargestellten Figuren, Orte und Gegenstände hat es so, wie ich sie beschreibe, je gegeben; alle aber haben Doppelgänger auf der Insel Fehmarn. M.B.

Zitatnachweis

S. 5 Inger Christensen, in: *Sommerfugledalen*, Brøndum, Kopenhagen 1991 (Übersetzung: Mirko Bonné) – S. 16 f., S. 155 Bernd Clüver, aus: *Der Junge mit der Mundharmonika*, auf: *Der Junge mit der Mundharmonika*, Hansa 1973 – S. 16 Danyel Gérard, aus: *Butterfly*, auf *Atmosphère*, CBS 1970 – S. 26 Angela Krauß, in: *Eine Wiege*, © Suhrkamp Verlag Berlin 2015 – S. 27 Rentnerband, aus: *Hamburger Deern*, auf: *... alles klar*, Reprise 1974 – S. 33 Tomas Tranströmer, in: *Östersjöar*, Bonniers, Stockholm 1974 (Übersetzung: Mirko Bonné) – S. 39 Fleetwood Mac, aus: *Go Your Own Way*, auf: *Rumours*, Warner 1977 – S. 49, S. 55, S. 58, S. 145 John Donne, in: *John Donne's Sermons On the Psalms and Gospels*, University of California Press, Berkeley 2003 (Übersetzung: Mirko Bonné) – S. 58 Peter Wiepert, in: *Von der Wiege bis zur Bahre. Eine zusammenfassende Schilderung altfehmarnscher Sitten und Gebräuche*, Arbeitsgemeinschaft für Landes- und Volkstumsforschung, Gottorf 1955 – S. 64 Peter Wiepert, in: *Fehmarn. Die Krone im blauen Meer. Ein heimatkundlicher Beitrag*, Wachholtz, Neumünster 1953 – S. 66 f., S. 81, S. 155 ABBA, aus: *Knowing Me, Knowing You*, auf: *Arrival*, Polar 1977 – S. 73 Jürgen Becker, in: *Jetzt die Gegend damals*, © Suhrkamp Verlag Berlin 2015 – S. 78 Max Herrmann-Neiße, in: *Heimatlos*, in: *Gesammelte Werke*, Zweitausendeins, Frankfurt am Main 1986 – S. 83, Tomas Tranströmer, in: *Die Erinnerungen sehen mich*, © 1999 Carl Hanser Verlag München (Übersetzung: Hanns Grössel) – S. 87 Tomas Tranströmer, in: *Den halvfärdiga himlen*, Bonniers, Stockholm 1962 (Übersetzung: Mirko Bonné) – S. 88 The Smiths, aus: *There Is A Light That Never Goes Out*, auf: *The Queen Is Dead*, Rough Trade 1986 – S. 91 f., S. 95, S. 97 Rainer Maria Rilke, in: *Die Insel*, in: *Sämtliche Werke*, Insel, Frankfurt am Main 1955 – S. 94 Dylan Thomas, in: *Fern Hill*, in: *Windabgeworfenes Licht*, S. Fischer, Frankfurt am Main 1995 (Übersetzung: Erich Fried) – S. 98, S. 104, S. 110, S. 113 Ernst Ludwig Kirchner, in: Aya Soika, *Weltenbruch. Die Künstler der Brücke im Ersten Weltkrieg*, Prestel, München 2014; Norbert Wolf: *Ernst Ludwig Kirchner. 1880–1938. Am Abgrund der Zeit*, Taschen, Köln 2013 – S. 109 Donald E. Gordon, in: *Ernst Ludwig Kirchner 1880–1938*, Prestel, München 1979 – S. 111 Stefan George, in: *Der Krieg*, in: *Sämtliche Werke*, Klett-Cotta, Stuttgart 2001 – S. 113 Marcel Proust, in: *Werke*, Suhrkamp Verlag Frankfurt am Main 1964 – S. 115 Ernst Ludwig Kirchner, in: *Über Leben und Arbeit*, in: *Omnibus*, Galerie Flechtheim, Berlin 1931 – S. 119, 134 Ton Steine Scherben, aus: *Macht kaputt, was euch kaputt macht*, auf: *Warum geht es mir so dreckig?*, David Volksmund Produktion, Berlin 1971 – S. 120 The Cure, aus: *Killing An Arab*, auf: *Boys Don't Cry*, Fiction 1980 – S. 124 Dylan Thomas, in: *The Poems*, Dent & Sons, London 1970 (Übersetzung: Mirko Bonné) – S. 129 The Jimi Hendrix Experience, aus: *Foxy Lady*, auf: *Are You Experienced*, Reprise 1967 – S. 133 The Jimi Hendrix Experience, aus: *Voodoo Child (Slight Return)*, auf: *Are You Experienced*, Reprise 1967 – S. 144 Peter Handke, in: *Phantasien der Wiederholung*, © Suhrkamp Verlag Frankfurt am Main 1983 – S. 152 Elias Canetti, in: *Das Buch gegen den Tod*, © 2014 Carl Hanser Verlag München.